교과서 속
70개 핵심 용어로 끝내는

한국사

교과서 속
70개 핵심 용어로 끝내는
한국사

정헌경 글 | 조에스더 그림

주니어김영사

차례

제 1 장

고대 국가의 형성과 발전

우리 역사상 첫 나라는 언제 세워졌을까?
그다음에는 어떤 나라들이 뒤를 이었을까?

❖ 고조선

　국가는 계급이 나뉘고 불평등이 심화되던 청동기 시대에 처음 나타났어. 우리 역사상 첫 국가, 고조선도 청동기 문화를 바탕으로 세워졌지. 흔히 우리 역사가 '반만 년'이 되었다고 하지? 그렇게 말하는 근거는 고조선에 있어. 반만 년은 고조선 건국 연도로 알려진 기원전 2333년부터 계산한 시간이거든. 지금은 서기 2022년이야. 여기에 2333년을 더하면 단군기원 4355년이니까 거의 반만 년이 흐른 셈이지.

　기원전 2333년이라는 연도는 어떻게 나온 걸까? 《삼국유사》를 비롯한 여러 역사책에 따르면 고조선은 중국 요임금 때 건국되었다고 해. 조선 성종 때 완성된 《동국통감》에는 요임금이 왕위에 오른 지 25년째 되던 해에 단군이 즉위했다고 기록되어

《동국통감》 조선 성종 16년(1485) 서거정 등이 왕명을 받고 단군 조선부터 고려 말까지의 역사를 편찬한 역사서이다.

있어. 그리고 근대에 역법 연구가 이루어지면서 요임금의 생존 연대와 즉위 연대를 역산해 고조선 건국 연도를 기원전 2333년으로 정한 거야.

개천절 날짜가 정해진 과정도 짚고 넘어가자. 1909년 음력 10월 3일, 대종교에서 단군왕검의 건국일을 개천절이라 이름 붙이고 기념하기 시작했어. 지금은 양력 10월 3일을 국경일로 기념하고 있지.

단군 이야기는 어떻게 이해할 수 있을까? 《삼국유사》에 따르면, 하늘에서 지상으로 내려온 환웅이 원래 곰이었던 웅녀와 결혼해 단군왕검을 낳았대. 고조선을 세운 사람들은 이 이야기를 통해 자신들의 집권을 정당화했어. 환웅이 하늘에서 내려왔다는 내용은 고조

강화 참성단 단군이 하늘에 제사를 지낸 제단이라고 전해진다. 개천절이면 제사를 지내고, 전국 체전의 성화도 이곳에서 불을 붙인다.

선 건국이 하늘의 뜻이었다는 의미를 담고 있어. 곰이 여인으로 변했다는 내용에는 곰을 섬기던 신앙이 반영되어 있지. 아마 곰을 숭배하는 부족이 살고 있던 지역에 하늘을 숭배하는 부족이 들어와 어우러진 결과 고조선이 세워졌을 거야.

단군왕검은 제사장을 뜻하는 '단군'과 정치적 우두머리를 뜻하는 '왕검'이 합쳐진 말이야. 한 사람이 아니라 여러 지배자에 대한 호칭일 수도 있어. 아마 제사장이자 정치적으로 최고 권력을 가진 사람이 여러 대에 걸쳐 고조선을 다스렸을 거야.

기원전 4세기에 철기 문화를 받아들이면서 본격적으로 성장한 고조선은 연나라(중국 전국 시대에 세력이 강한 일곱 나라 중 하나)를 공격할 정도로 국력이 세졌어. 이후 중국은 진秦·한漢이 교체되는 혼란을 겪었어. 그 시기에 고조선에 들어온 위만은 기원전 194년 준왕을 몰아내고 왕이 되었지. 이 무렵 철기 문화가 널리 퍼져 나갔어. 이후 고조선은 8조법으로 사회 질서를 유지할 만큼 발전했어.

　고조선은 한반도 남쪽 나라들과 한나라 사이에서 무역하며 경제적 이익을 챙기는 한편, 한나라를 위협하는 흉노와도 관계를 맺었어. 이를 못마땅하게 여긴 한 무제는 흉노보다 고조선에 먼저 육군과 수군을 보내 전쟁을 일으켰어. 위만의 손자인 우거왕이 고조선을 다스리고 있을 때였지. 고조선은 한나라 군대에 맞서 끈질기게 싸웠지만 기원전 108년 멸망하고 말았어.

✳ 책화

철기 문화가 퍼지면서 만주와 한반도에 부여를 시작으로 고구려, 옥저, 동예, 마한, 진한, 변한이 생겨났어. 흔히 삼한으로 묶여서 불리는 세 나라, 마한·진한·변한은 각각 백제, 신라, 가야로 성장했지. 옥저와 동예 땅을 차지한 고구려는 부여까지 점령할 만큼 국력을 떨쳤어.

이러한 초기 국가들 중 동예는 함경도 남부와 강원도 북부 동해안 지역에 위치해 있었어. 《삼국지》〈동이전〉에 따르면 동예 사람들은 산과 강을 중요하게 여겼고, 산과 강마다 고을이 구분되어 있어서 함부로 건너거나 들어갈 수 없었어. 만약 다른 고을을 침범하면 노비나 소, 말로 배상해야 했지. 이러한 풍습을 '책

화'라고 불렀어.

　부여에서는 살인자를 사형시키고 가족을 노비로 삼았어. 도둑질
한 사람은 훔친 물건 값의 열두 배를 물어 주어야 했지. 이런 초기
국가들의 모습을 통해 사회가 발달하면서 개인의 생명과 재산, 질
서를 지키기 위해 법이 엄해지고 있었음을 알 수 있어.

부여

　우리 역사상 고조선을 이은 두 번째 국가인 부여는 고조선 후기부터 5세기 말까지 존재했지만 오랫동안 주목받지 못했어. 《삼국사기》 이후 우리 역사를 삼국, 그중에서도 신라 중심으로 인식한 탓이지. 사실 부여는 우리 고대사에 아주 커다란 영향을 끼쳤는데 말이야. 고구려 시조 주몽은 부여 왕실에서 태어나 자랐고, 백제 사람들도 부여를 계승한다는 의식을 갖고 있었어. 백제 왕족은 성이 부여씨였지. 6세기 중반에 사비성으로 도읍을 옮긴 백제 성왕은 나라 이름을 아예 남부여로 바꾸었어.

　부여에서는 수도를 중심으로 동·서·남·북 방위에 따라 사방을 나누었다는 뜻으로 지방을 '사출도'라고 불렀어. 그런데 이 사출도를 다스린 사람은 왕이 아니라 여러 귀족이었어. 왕은 도읍이 포함된 영토의 중심부만 직접 다스렸지. 흥미로운 건 이 귀족들이 마가^{馬加}, 우가^{牛加}, 저가^{猪加}, 구가^{狗加}로 불렸다는 사실이야. 이 호칭의 첫 글자는 각각 말, 소, 돼지, 개를 뜻하는 한자에서 따왔어. 재미난 호칭을 가졌던 이 귀족들은 홍수나 가뭄으로 농사가 안되면 왕의 책임을 물어 왕을 내쫓았고 심지어 죽이기까지 했어.

《삼국지》〈동이전〉에 따르면 3세기 중엽까지 부여에 쳐들어와 큰 타격을 입힌 나라가 없었다고 해. 그만큼 부여는 국력이 강한 나라였지. 농업과 목축업이 함께 발달한 데다 말, 모피, 구슬 등을 수출해 돈을 많이 벌었거든. 좋은 말이 많아서 훌륭한 기마병을 갖출 수 있었고 전투력도 우수했어.

부여의 국력이 기운 것은 3세기 후반부터야. 부여는 백두산에서 서북 방향으로 흐르는 북만주 쑹화강 유역에 위치해 있었는데, 서쪽에서는 선비족이 거듭 쳐들어오고 남쪽에서는 고구려의 압력이 점점 거세졌지. 결국 5세기 말, 부여는 고구려에 항복하고 말았어. 이렇게 부여가 고구려에 합쳐지면서 두 나라의 건국 신화가 비슷해졌지.

이 밖에도 부여는 고구려와 비슷한 점이 많아. 예를 들어 부여에는 형사취수兄死娶嫂, 즉 형이 죽으면 동생이 형수와 결혼하는 풍습이 있었어. 형의 처자식과 재산이 집안에서 빠져나가는 것을 막는 방법이었지. 형사취수는 부여와 고구려뿐만 아니라 흉노, 중국 등지에도 있었던 풍습이야.

우리 고대사의 주요 무대, 만주

중국 동북 지방의 3성, 랴오닝성·지린성·헤이룽장성 일대는 흔히 만주라 불려. 중국은 2002년부터 2007년까지 5년 동안 이른바 '동북 공정'이라는 연구 프로젝트를 진행했는데, 이 프로젝트의 대상이 바로 만주였어. 동북 공정을 통해 중국은 현재 중국 땅에서 일어난 과거사를 모두 중국사에 포함시키려 했어. 이러한 시도에는 중국 중심의 시각과 현재의 논리로 역사를 왜곡하겠다는 속내가 숨어 있지. 공식적으로 동북 공정이 끝난 지금도 역사를 왜곡하려는 중국의 움직임은 지속되고 있어. 그 결과 명백히 우리 역사인 고조선·부여·고구려·발해의 역사가 중국사에 포함될 위기에 처해 있어.

서옥 ✳

고구려에서는 혼인이 정해지면 신부 집 뒤꼍에 '서옥'이라는 작은 집을 지었어. 서옥은 한마디로 '사위집'이야. 이곳이 신혼부부의 첫 보금자리였지. 첫날밤도 이곳에서 치렀어.

신랑은 해 질 무렵 신부 집에 찾아가 자기 이름을 말하고 절한 뒤, 첫날밤을 치르게 해 달라고 거듭 간청한 끝에 장인 장모의 허락을 받아야만 집 안으로 들어갈 수 있었어. 허락이 떨어지기 전까지는 문 밖에서 기다렸지. 신혼부부가 서옥에 들어가면 집 옆에 신랑이 들고 온 돈과 예물을 두었어. 신혼부부는 서옥에서 자식을 낳아 기르다 남편의 집으로 갔지.

이런 풍습은 어떤 점에서 좋았을까? 딸을 시집보내면 일손이 부족해질 처가에서 신랑이 한동안 일해 주었을 거라는 해석도 있어. 아마 사위는 머슴처럼 일했을 거야. '머슴아이'라는 단어는 남자가 여자 집에서 머슴처럼 사는 상황에서 생겼다고 해. 갓 결혼한 여자는 친정에 딸린 서옥에 살면서 천천히 결혼 생활에 적응할 수 있었지.

처가살이하면서 아이들을 외가에서 키우는 풍습은 조선 시대까지 이어졌어. 조선의 대표적인 성리학자 이율곡도 어머니 신사임당

의 고향 강릉에서 태어나 자랐지. 이런 풍습은 성리학이 자리 잡아 가던 조선 중기부터 점차 사라졌어. 남성 중심의 성리학 사상 때문에 남자들은 여자 집에 얹혀사는 일을 부끄러워했고, 자연스럽게 여자들이 시집살이하는 분위기가 뿌리내렸거든.

옥저에는 민며느리제가 있었어. 옥저에서는 여자아이가 열 살이 되면 약혼하고, 시댁에서 데려가 길렀어. 시댁에서는 다 키운 며느리를 친정으로 돌려보냈는데, 이때 친정에서는 돈을 요구했지. 시댁에서는 친정에 돈을 주어야만 며느리를 다시 데려갈 수 있었어. 신랑이 신부를 데려가면서 처가에 돈을 주는 풍습은 동서양 어느 시대에나 있었어. 시댁에서 주는 돈은 처가에서 잃어버리는 노동력에 대한 보상이었어. 서옥제와 민며느리제는 처가의 노동력 손실 문제를 보상해 준다는 점에서 비슷한 면이 있지.

제천 행사 ✤

제천 행사는 하늘에 올리던 제사를 가리켜. 옛사람들은 좋은 운과 나쁜 운, 농사 또는 사냥의 성공이 하늘에 달려 있다고 믿었어. 그래서 대개 추수가 끝난 음력 10월, 하늘에 감사하는 제사를 지냈지. 이런 제사를 바로 제천 행사라고 해. 술과 맛난 음식, 춤과 노래가 빠지지 않는 제천 행사는 사람들이 함께 즐기며 하나가 되는 자리였지.

부여 사람들은 사냥이 본격적으로 시작되는 음력 12월에 '영고'라는 제천 행사를 벌였어. 영고는 '북을 쳐서 맞이한다'는 뜻이야. 영고 때면 부여 사람들은 북소리가 울려 퍼지는 가운데 흥겹게 춤추고 노래하며 즐거운 시간을 보냈을 거야.

고구려에서는 음력 10월에 '동맹'이라는 제천 행사를 열었어. 고구려 사람들은 농사에 해와 물이 중요하다는 것을 알았기 때문에 태양신에게 먼저 제사를 지낸 다음 도읍 동쪽의 큰 동굴에 가서 나무 신상에 물을 다스리는 신을 모셨지. 그러고는 나무 신상을 압록강으로 모셔 가서 다시 제사를 올렸어. 이때 나무 신상에 내리쬐는 햇빛은 물과 햇빛이 합쳐져 생명을 잉태함을 상징했어. 뒤이어 두 신에게 기원하는 제사가 다시 한번 진행되었지.

동예에서는 음력 10월에 '무천'이라는 제천 행사를 열었어. 행사 이름에 '춤출 무舞'가 들어 있는데, 무천이 열리면 동예 사람들은 신이라고 여기던 호랑이에게 제사를 지낸 뒤 춤추고 노래하면서 술을 마셨다고 해.

고구려의 국동대혈 고구려의 두 번째 도읍이었던 국내성(중국 지린성 지안)의 동쪽, 높은 산 중턱에 있다. 동맹이 열릴 때 고구려 사람들이 나무 신상을 모셔 두던 동굴이다.

농사가 발달한 삼한에서는 제천 행사가 1년에 두 번 있었어. 논밭에 씨를 뿌리고 난 음력 5월, 농작물을 수확하고 난 음력 10월에 제천 행사를 벌였지. 삼한의 제천 행사는 오늘날 단오와 추석의 기원이기도 해.

꼭 기억할 게 하나 있어. 삼한에는 제사를 맡은 '천군'이 있었어. 천군은 정치적인 지배자와는 다른 사람으로, '소도'라는 지역을 다스렸어. 커다란 나무를 세우고 북을 달아 둔 소도는 신성한 구역이라 죄인이 도망쳐 와 이곳에 숨더라도 잡아갈 수 없었지.

'단군왕검'이라는 말에서 알 수 있듯이 고조선에서는 제사장과 정치적인 우두머리가 구별되지 않았어. 이를 '제정일치'라고 하는데, 사회가 발전하면서 제사와 정치가 차츰 분리되었어. 삼한에 천군이 따로 있었던 것처럼 말이야.

칠지도

백제는 원래 마한 연맹체에 속한 작은 나라였는데, 3세기 고이왕 때 마한의 작은 나라들을 통합했어. 4세기 근초고왕 때 삼국 중 가장 먼저 전성기를 맞았지.

백제는 특히 금속 공예 수준이 상당히 높았어. 백제의 대표적인 유물 중 하나인 칠지도만 봐도 그 사실을 알 수 있지. 당시에는 쇠를 단련해 칠지도처럼 정교한 칼을 만드는 일이 어려웠거든.

칠지도는 나뭇가지처럼 생긴 쇠칼이야. 가운데 칼날 좌우로 가지처럼 세 개씩 칼날이 뻗어 있어. 모두 합치면 칼날이 모두 일곱 개라 '칠지도'라는 이름에 딱 맞는 모습이지. 전체 길이는 70센티미터가 넘고, 앞뒤 넓적한 면에는 금으로 61개의 글자가 새겨져 있어. 이 글귀 중에는 금속 공예에 대한 백제의 자신감이 명백히 드러난 내용도 있어.

칠지도 삼국 시대에 백제가 일본에 보낸 칠지도는 현재 일본의 국보이며 나라현 이소노카미 신궁에 보관되어 있다.

"역사 이래 이런 칼은 없었다^{先世以來 未有此刀}"

칠지도에 새겨진 글자는 20자 정도만 분명하고 나머지는 알아보기 힘든 상태야. 그래서 이 글의 해석을 둘러싸고 한국과 일본이 계속 논쟁을 벌이고 있어. 일본에서는 백제가 왜의 속국이었다고 주장하고, 한국에서는 반대였을 거라고 반박하는 식이지. 백제와 왜의 관계가 어떠했는지는 정확히 밝혀지지 않았지만, 4세기 후반 백제 왕이 왜왕에게 칠지도를 선물한 것은 분명해.

수준 높은 유물은 부유하고 강한 나라에서 나오기 마련이지. 4세기 근초고왕 때 백제는 고구려와의 전쟁에서 거듭 승리했어. 369년에는 치양(지금의 황해도 배천) 전투에서 큰 승리를 거둬 백제의 영토가 경기도 북부와 황해도 지역까지 넓어졌고 말이야. 371년에는 근초고왕이 평양성까지 공격했지. 당시 고구려를 다스리던 고국원왕은 이때 전사하고 말았어.

고국원왕의 아들인 소수림왕 때 국가 체제를 정비하면서 고구려는 위기를 극복했어. 소수림왕은 불교를 받아들여 백성을 하나로 모으고, 율령을 반포하여 나라를 안정시켰지. 소수림왕이 죽고 난 뒤에는 그의 동생인 고국양왕이 뒤를 이었어. 이 고국양왕의 아들이 바로 고구려의 전성시대를 연 광개토 대왕이야.

중앙 집권 국가 유지에
꼭 필요한 요소들

　옛날 동아시아에서는 국가를 다스리는 법을 율령이라고 불렀어. '율'은 범죄와 그에 따른 형벌을 규정한 법이고, '령'은 행정에 관한 법이야. 율령은 이 둘을 합치고 체계적으로 정리해 만든 성문법이지.

　국왕은 백성에게 율령을 보편적으로 적용하면서 국가를 안정적으로 다스릴 수 있었어. 중국에서는 전국 시대부터 율령을 만들어 썼고, 중앙 집권 체제의 유지를 위해 다른 동아시아 국가들도 율령을 반포했어. 백제는 3세기 고이왕 때, 고구려는 4세기 소수림왕 때, 신라는 6세기 법흥왕 때 율령을 반포했지.

　중앙 집권 체제 유지에 도움을 준 요소로 율령 외에 어떤 것들이 있었을까? 왕위 계승은 부자父子 상속을 원칙으로 해서 왕권을 안정시켰어. 각 지역에서 백성을 쥐락펴락하던 귀족들은 왕의 신하가 되어 관직을 맡았는데 그 과정에서 관직의 등급, 즉 '관등'의 체계가 확립되었지. 불교는 백성들이 왕을 부처처럼 여기게 만듦으로써 왕의 권위를 높여 주었어.

❀ 광개토 대왕

'광개토'는 원래 시호(죽은 뒤에 붙인 이름)인 국강상광개토경평안호
태왕國岡上廣開土境平安好太王의 일부야. 12자나 되는 이 시호는 '죽어서 국
강상에 묻힌, 땅을 널리 개척하고 나라를 평안하게 한 호태왕'이란
뜻이야. 시호가 이전 왕들보다 긴 데다 '호태왕'이라는 극존칭까지
쓰였다는 사실에서 광개토 대왕의 탁월한 업적을 짐작할 수 있어.

광개토 대왕이 즉위한 4세기 말에는 동아시아 정세가 마침 고구
려에 유리하게 돌아섰어. 당시 중국은 위·진·남북조 시대였는데,
북위의 세력이 커지면서 고구려 서쪽의 후연이 약해졌거든. 남쪽의
백제도 왕위 계승을 둘러싼 내분 때문에 국력이 약해진 상태였지.
이참에 광개토 대왕은 대대적인 정복에 나섰어.

광개토 대왕은 먼저 서북 국경 지대에서 노략질을 일삼던 거란
과 할아버지 고국원왕을 전사시킨 백제를 공격했어. 신라에 쳐들어
온 왜군도 물리쳐 주고 내친김에 가야 지역까지 나아가 위세를 떨
쳤지. 그리고 후연을 비롯해 여러 나라를 격파하며 요동과 만주를
차지해 나갔어.

광개토 대왕의 아들로 고구려의 다음 왕이 된 장수왕은 이러한

업적을 기리고자 광개토 대왕릉비를 세웠어. 광개토 대왕릉비는 높이가 6.39미터나 되는데 모양이 네모반듯하지도, 비면이 판판하지도 않아. 당시 고구려 사람들은 어디에서인가 사각기둥 모양의 거대한 응회암을 운반해 와서 비석을 세웠어. 응회암은 화산이 분출할 때 화산재 따위의 물질이 굳어져서 만들어진 돌로. 독특한 모양과 재질 때문에 신비한 분위기를 풍겨.

고구려 사람들은 이 돌의 4편을 돌아가며 1775자를 새겼어. 비록 150여 자는 알아보기 힘들게 훼손되었지만, 이 비문에는 5세기 고구려 역사가 담겨 있어. 비문의 첫 부분은 고구려 건국 신화에서 광개토 대왕을 칭송하는 내용으로 이어져. 두 번째 부분에는 광개토 대왕의 정복 활동이 연대순으로 기록되어 있어. 세 번째 부분에는 광개토 대왕의 무덤을 잘 돌보라는 당부와 함께 돌볼 사람들의 이름이 적혀 있어.

이러한 비문에서 고구려 사람들의 독자적인 천하관을 엿볼 수 있어. 당시 중국 사람들은 자신들의 왕을 하늘의 뜻을 받아 천하를 다스리는 사람이란 뜻에서

광개토 대왕릉비 사각기둥 모양의 거대한 석비로 중국 지린성 지안에 우뚝 서 있다.

천자나 황제라 부르며 다른 나라들은 중국의 발아래 있다고 여겼어. 그런데 고구려는 자신들이 신성한 힘을 가진 추모 왕(주몽)이 세운 나라이며, 광개토 대왕은 고구려가 주도하는 천하 질서를 바로 세우고자 정복을 벌였다고 비문에 적은 거야.

고구려 사람들의 이런 인식은 '태왕'이라는 독자적인 왕호와 광개토 대왕 때 사용한 '영락'이라는 연호에서도 엿볼 수 있어. 당시 동아시아에서 연호는 독립된 천하의 주인만 만들어 쓸 수 있다고 생각했거든.

5세기부터 6세기 전반까지 동아시아는 북중국의 북위, 송-제-양으로 이어진 남중국의 한인 왕조, 몽골고원의 유연, 만주·한반도의 고구려가 세력 균형을 이루었어. 그런 상황에서 광개토 대왕부터 장수왕까지 독자적인 세력권을 유지한 고구려의 사람들은 자신들이 천하의 중심이라고 자부했어.

동아시아에서 해에 붙이던 이름, 연호

동아시아 국가들은 중국 한나라 때부터 연호年號를 사용했어. 우리나라는 주로 중국의 연호를 썼지만 독자적인 연호를 만들어 쓰기도 했어. 만주를 호령하던 고구려의 광개토 대왕은 '영원히 편안하다.'라는 뜻의 영락永樂이라는 연호를 사용했지. 신라 진흥왕은 나라를 새로 연다는 뜻의 개국開國, 나라 밖으로 크게 번창한다는 뜻의 대창大昌, 나라 안을 잘 다스린다는 뜻의 홍제鴻濟를 연호로 썼어. 이처럼 연호에는 왕의 당찬 포부와 자신감이 담겨 있었지.

당나라와의 조공·책봉 관계를 무시할 수 없었던 발해도 나라 안에서는 황제를 표방하면서 왕마다 하나씩 연호를 만들어 사용했어. 후고구려의 궁예, 고려 시대의 태조와 광종도 각각 연호를 만들어 썼지. 고려 인종 때 서경 천도 운동을 일으킨 묘청도 천개天開라는 연호를 만들었어.

조선 시대에도 중국의 연호를 썼어. 그러다가 1895년 을미개혁을 단행하면서 '건양建陽'이라고 연호를 바꿨지. 고종은 1897년 '광무光武'라는 연호를 쓰면서 광무개혁을 실시했어. 이후 일제 강점기에는 일본의 연호를 써야 했고, 미 군정기에는 서기(서력기원)를 썼어. 1948년에 대한민국 정부가 수립되고 나서 단기(단군기원)를 쓰다가 1961년부터 다시 서기를 사용하고 있어.

조공·책봉

오늘날에는 국가들 사이의 관계가 대등하지만, 전근대에는 중국 중심의 수직적 국제 질서가 동아시아를 지배했어. 그러한 국제 질서는 '조공·책봉'이라는 외교 관계를 통해 형성되었지. 조공·책봉은 조선 시대까지 이어지는 중요한 개념이니 찬찬히 살펴보자.

조공·책봉 관계는 중국에 고대 국가들이 나타나면서 생겨났어. 첫 번째, 두 번째 국가로 여겨지는 상나라(은나라)와 주나라 때 이미 이런 관계가 있었던 것으로 보이거든. 상나라와 주나라의 왕은 영토의 일부만 직접 다스리고 나머지 땅을 작은 나라의 우두머리나 봉건 제후에게 맡겨 다스리게 했어. 이때 왕이 신하들에게 관직을 주는 것을 '책冊'이라 하고, 관직과 함께 봉지封地라는 땅을 주는 일을 '봉封'이라 했어. 이렇게 책봉을 받은 사람들은 조공을 했어. 조공의 '조朝'는 황제를 찾아가 뵙는 일, '공貢'은 특산물을 바치는 일을 가리켜.

이러한 조공·책봉 관계는 한나라 이후 중국 밖으로까지 확대되었어. '하늘에 해가 하나뿐이듯 땅의 왕도 오직 하나'라는 생각으로 중국이 대등한 국제 관계를 인정하지 않았기 때문이야. 천하의 중심을 자처하던 중국인들은 자기 나라가 '중화'라고 믿었어. 다른 나라는 '이', 즉 오랑캐로 여겼지.

　주변 나라들은 강대국이던 중국을 웬만하면 자극하지 않았어. 사대, 즉 큰 나라를 섬기는 태도를 보이며 조공·책봉 관계를 맺었지. 상하 관계를 전제로 했지만, 조공국은 정치적으로 독립되어 있었을 뿐만 아니라 조공 덕에 경제·문화 교류가 이뤄진다는 이점도 있었지. 삼국 시대에는 승려들이 중국으로 유학을 갔고, 조선 시대에도 젊은 선비들이 중국에서 앞선 문물을 배워 왔어. 요컨대 조공·책봉 관계는 큰 나라와 작은 나라가 평화롭게 공존하던 국제 질서이자 외교 의례였어.

　조공·책봉 관계는 국제 질서에 따라 다르게 전개되기도 했어. 한

나라 멸망 뒤 중국에서는 위·진·남북조라는 오랜 분열의 시기가 펼쳐졌거든. 이 시기에는 중국 중심의 국제 질서가 무너지고, 고구려를 비롯한 독자적인 세력 여럿이 나타나 다원적 국제 질서가 형성되었지. 고구려는 중국 왕조와 조공·책봉 관계를 유지하면서도 독자적인 세력으로서 다른 주변 국가들을 지배했어. 조공·책봉과 비슷한 관계를 다른 나라들과의 외교 관계에 적용한 셈이야.

그러다 589년 수나라가 중국을 다시 통일하면서 동아시아의 판도는 다시 한번 크게 달라졌어. 중국의 통일 왕조인 수나라와 당나라가 다원적 국제 질서를 용납하지 않으려 했거든. 수나라·당나라와 고구려의 대립은 불가피했지.

가야 ✦

    가야는 고구려·백제·신라와 같은 시대에 약 500년간 존재했지만 오랫동안 주목받지 못했어. 고대사 연구가 삼국 위주로 이루어졌기 때문이야. 그러나 고고학 발굴이 활발해지면서 가야의 중요성이 부각되었어. 《삼국유사》에는 가락국(금관가야)을 세운 수로왕의 탄생 이야기가 이렇게 실려 있어.

    42년 어느 날 김해 구지봉에서 이상한 소리가 나자 사람들이 몰려들었다. "하늘의 명을 받아 내가 임금이 되러 내려왔다. 너희는 흙을 파며 '거북아, 거북아 머리를 내놓아라. 안 그러면 구워 먹으리라'는 노래를 부르고 춤을 추어라." 여러 마을의 우두머리들이 이 말대로 하자 하늘에서 금빛 상자가 내려왔다. 그 안에는 황금 알 여섯 개가 들어 있었다. 그들은 곧 어린아이로 변해 각각 왕이 되었다. 그중 제일 먼저 나타난 '수로'가 가락국을 세웠다.

    수로는 '머리를 내민다'는 뜻이야. '거북아, 거북아 머리를 내놓아라'로 시작되는 노래와 연결되는 이름이지. 알에서 왕이 태어났다는 점에서 고구려를 세운 주몽, 신라를 세운 박혁거세 이야기와 비슷하지만 수로왕이 다섯 왕과 함께 태어났다는 점이 특이하지. 이 이야기처럼 가야는 작은 나라 여럿이 공존한 연맹체였어.

가야는 대략 낙동강의 서쪽, 남해안 일대, 섬진강 유역에 위치해 있었어. 농사가 잘되고 철이 풍부할 뿐만 아니라 인근 바다를 통한 교역에도 유리한 지역이었지. 좋은 조건을 갖춘 만큼 '철의 왕국'으로 이름을 떨칠 만큼 번영했어.

삼국이 연맹체 단계를 거쳐 중앙 집권 국가로 나아가는 동안, 가야는 큰 국가로 합쳐지지 않고 연맹체로 머물렀어. 처음에는 김해 지역에 있던 금관가야가 가야 연맹을 이끌었는데, 광개토 대왕의 공격으로 큰 타격을 입었지. 그리고 나서는 고령 지역에 있던 대가야가 가야 연맹을 주도했어.

대가야의 가실왕은 우륵에게 가야금을 만들고 노래 열두 곡을 짓게 했어. 우륵이 지은 열두 곡에는 가야에 속한 여러 지역의 개성이 살아 있었지. 하지만 6세기 이후 압박해 오는 백제와 신라에 맞서려면 통합된 힘이 필요했어. 중앙 집권화에 늦었던 가야는 결국 신라 진흥왕 때인 562년 멸망하고 말았어. 우륵이 망명하면서 가야의 음악과 가야금은 신라로 전해졌어. 김유신을 비롯해 가야 혈통으로 신라에서 활약한 사람도 많아.

기마인물형 뿔잔 갑옷을 입은 말에 탄 무사의 뒤로 뿔 모양의 잔 두 개가 세워져 있다. 긴 철판을 이어붙인 판갑옷과 작은 철판을 비늘처럼 이은 갑옷 등 가야의 갑옷과 무기, 말 갑옷을 보여 준다.

순수비 ✦─────

순수비는 왕이 나라를 돌아보고 세운 비석이야. 신라 진흥왕이 영토를 넓히고 나서 창녕, 북한산, 황초령, 마운령에 순수비를 세웠지. 진흥왕은 왜 순수비를 세웠을까?

신라는 고구려, 백제보다 국가 발전이 뒤처졌어. 백제, 왜 등의 공격을 가까스로 물리칠 정도로 약한 나라였지. 4세기 내물왕 때는 왜군을 막기 위해 고구려의 광개토 대왕에게 도움을 청할 정도였어. 그러다 6세기부터 달라지기 시작했어. 법흥왕 때 금관가야가 신라에 항복한 데 이어, 진흥왕 때 본격적으로 영토를 넓혀 나갔지.

신라에 전성기를 가져온 진흥왕은 백제 근초고왕, 고구려 광개토 대왕에 견줄 수 있는 인물이야. 북한산 신라 진흥왕 순수비의 첫머리에는 '진흥태왕'이라 새겨져 있어. 진흥왕이 고구려처럼 '태왕'이라고 자칭한 것은 그만큼 신라의 위상이 높아졌음을 의미해.

진흥왕은 무엇보다 한강 유역에 눈독을 들었어. 한강 유역은 중국과 직접 교류하기 위해 꼭 필요할 뿐 아니라 농사도 잘되고 군사적으로도 중요한 곳이었거든. 진흥왕은 백제 성왕과 손잡고 고구려를 물리친 다음, 백제를 배신하고 한강 유역을 독차지했지. 그러고

북한산 비봉에 순수비를 세웠어.

진흥왕은 신라의 동해안 최전선인 마운령과 황초령까지 나아간 다음 그곳에도 순수비를 세웠어. 진흥왕 순수비는 신라와 다른 나라 땅이 맞닿은 지역들에 세워졌어. 진흥왕은 자신이 다스리는 땅을 나라 안팎에 널리 알리고, 정복한 지역의 사람들에게 통치 이념을 밝히기 위해 순수비를 세웠던 거야.

북한산 신라 진흥왕 순수비 진흥왕이 북한산 비봉에 세운 비로, 지금은 국립 중앙박물관에 전시되어 있다.

제 2 장

고대 정치와 남북국 시대

고구려, 백제, 신라는 어떻게 중앙 집권 국가로 발전해 갔을까?

남북국 시대에 발해와 신라의 관계는 어떠했을까?

❈ 고분

    청동기 시대부터 나타난 불평등은 삼국 시대에 더욱 심해졌어. 그 결과 소수의 지배자를 위한 거대한 무덤이 나타났어. 이런 무덤을 고분이라고 불러. 중국 지린성 지린시에는 장군총을 비롯해 고구려 고분 수천 개가 남아 있지. 서울에 있는 석촌동 3호분은 장군총보다도 큰 백제 고분이야. 신라의 수도였던 경주에도 우리나라 고분 중 가장 큰 황남대총을 비롯해 많은 고분이 있어. 가야 연맹이 있던 고령을 비롯한 지역에서도 고분이 많이 발견되었어.

    고분 공사에는 그 시대 최고의 측량·토목 기술과 수많은 사람이 동원됐을 거야. 그렇게 공들여 만든 고분에는 당시 사람들의 사상, 기술, 정치, 대외 관계 등 정보가 풍부하게 담겨 있어. 특히 고분의 크기에는 묻힌 사람의 지위가 반영되어 있어. 지배층은 현재의 우월한 지위를 죽은 뒤에도 유지하고 싶다는 마음으로 고분을 거대하게 만들고, 부장품도 잔뜩 넣었어. 시중들거나 호위하던 아랫 사람을 함께 묻기도 했는데, 이렇게 다른 사람도 같이 묻는 것을 순장이라고 해.

    삼국 시대에는 주로 굴식 돌방무덤과 돌무지덧널무덤이 만들어졌어.

고구려의 장군총 광개토 대왕 또는 장수왕의 무덤으로 짐작된다. 네모반듯하게 다듬은 돌을 계단처럼 7층으로 쌓아 올린 구조로 중국 길림성 지안시에 있다.

굴식 돌방무덤에는 돌방의 천장과 벽에 벽화를 그릴 수 있어. 대표적으로 고구려 고분 벽화는 고구려 사람들의 생활, 신앙 등을 전해 주지. 고구려 고분인 장군총도 겉모습은 돌무지무덤이지만 내부에 돌방이 있어. 장수왕이 수도를 평양으로 옮긴 후, 고구려 사람들은 돌방 위에 둥글게 흙을 쌓아 봉분을 만들었어. 백제의 고분도 초기에는 돌무지무덤의 형태였다가 웅진(공주)으로 도읍을 옮긴 후 굴식 돌방무덤으로 바뀌었어. 벽돌무덤인 무령왕릉처럼 예외도 있지만 말이야.

신라의 고분도 나중에는 굴식 돌방무덤으로 바뀌었지만, 최고 지배자를 '마립간'이라 부르던 약 150년 동안에는 돌무지덧널무덤이 유행했어. 돌무지덧널무덤은 신라의 대표적인 무덤 양식이야. 당시

신라의 황남대총 돌무지덧널무덤으로 5세기 신라 왕과 왕비의 무덤이 표주박처럼 붙어 있다.

신라의 마립간은 여러 간⁺(지배자) 중의 우두머리기는 했지만, 아직 절대적인 권력자가 아니었어. 그래서 경주에 살던 지배층은 커다란 돌무지덧널무덤에 화려한 장식품을 함께 묻어서 권위를 세우려 했어. 돌무지덧널무덤은 시신을 넣은 널(목관)을 다시 덧널(목곽)에 넣고 돌을 쌓은 다음 흙으로 둥글게 덮은 형태야. 도굴이 힘들어 금관을 비롯한 부장품이 잘 보존될 수 있었지.

삼국이 치열하게 세력을 다투면서 전쟁터에 나갈 사람과 전투 물자가 귀해지자 고분 공사에 사람과 자원을 동원하기 힘들어졌어. 이러한 상황에서 신라 지증왕은 순장을 금지시켰어. 율령이 반포되고 신분 질서가 분명해지면서 고분을 크게 만들 필요도 없어졌지. 더불어 불교가 퍼지면서 사람들은 무덤보다 사원을 짓고 탑을 세우는데 힘을 쏟았어. 거대한 고분 문화는 그렇게 사라져 갔어.

고대 국가들의 무덤

오랜 세월을 버텨 온 거대한 고분은 고대 사람들의 생활 모습, 신앙, 과학 기술 등을 전해 준다. 시대별, 나라별로 다른 무덤 양식도 흥미롭다.

돌무지무덤 초기 고구려와 3~4세기 백제에서 유행한 무덤 양식으로, 시신 위에 흙 대신 돌을 쌓아 올렸다.

굴식 돌방무덤 굴처럼 생긴 통로를 지나면 돌로 만든 방이 나오는 무덤으로, 삼국 시대에 많이 만들어졌다.

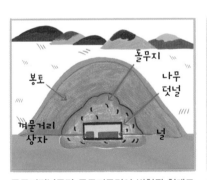

돌무지덧널무덤 돌무지무덤이 변형된 형태로 주로 신라, 그것도 경주를 중심으로 한정된 지역에서 발견된다. 나무 덧널 위에 돌을 쌓고, 흙을 덮는 양식이다.

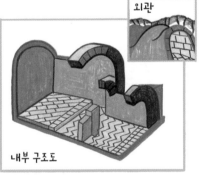

벽돌무덤 내부를 벽돌로 쌓고 그 위에 봉분을 만든 무덤이다. 도읍이 웅진에 있던 시기, 백제에서 중국 남조의 영향을 받아 만들어졌다. 무령왕릉이 유명하다.

❋ 이차돈

　이차돈은 원래 박씨 성에, 이름은 염촉으로 신라 왕족 출신이었어. 그는 승려가 된 후 법흥왕이 불교를 공인하는 과정에서 순교했지. 순교란 신앙을 지키기 위해 어떤 어려움에도 굴하지 않고 목숨까지 바치는 일을 가리켜. 이차돈 순교비에서는 그의 잘린 목에서 흰 피가 솟구치고, 하늘에서 꽃비가 내리며, 땅이 요동쳤다고 묘사하고 있어. 이차돈에게 대체 무슨 일이 일어났던 것일까?

　인도에서 생겨난 불교는 삼국 시대에 중국을 거쳐 우리나라로 들어왔어. 중국에서 불교는 '왕이 곧 부처'라는 논리를 펴며 백성들에게 왕을 존엄한 존재로 여기게끔 만들었어. 삼국의 왕실은 이런 면에 주목하고 불교를 적극 받아들였어. 고구려와 백제는 이미 4세기에 불교를 받아들였지.

　신라에도 5세기 전반 고구려를 통해 불교가 전해졌지만, 귀족들의 반대가 심해 100여 년간 불교를 받아들이지 못했어. 신라는 남쪽으로 세력을 넓혀 오는 고구려를 적으로 여기고 백제와 동맹을 맺었지. 신라 귀족들은 적국인 고구려에서 들어온 불교를 경계하고 탄압했어. 기존의 민간 신앙을 버리고 낯선 불교를 받아들이는 것은 결코 쉬운 일이 아니었을 거야. 그렇지만 불교는 이미 동아시아의 지배적인 문화였어. 게다가 신라는 불교 없이 더 이상 발전할 수 없는 단계였지. 사람마다, 지역마다 제각기인 신앙으로는 사회 통합에 한계가 있었거든.

불교 공인을 둘러싸고 법흥왕과 귀족들이 팽팽히 맞서자, 이차돈은 귀족들이 신성하게 여기던 숲인 천경림의 나무를 베고 절을 짓기 시작했어. 이차돈은 노발대발하는 귀족들 앞

이차돈 순교비 육각기둥 모양으로, 한 면에 순교 장면을 그림으로 새기고 다섯 면에 이차돈 순교 사건을 문자로 기록했다.

에서 모든 책임을 지고 처형당했어. 법흥왕이 불교를 공인한 후 이차돈의 죽음은 갈수록 신비화되었지.

이차돈의 순교는 신라가 불교를 받아들이면서 어떤 진통을 겪었는지 보여 줘. 그 후 불교는 신라의 국교로 굳건히 뿌리내렸어. 국교란 나라에서 법으로 정해 온 국민이 믿도록 하는 종교를 가리켜. 신라 왕실은 석가모니 집안이 다시 태어났다며, 법흥왕부터 진덕 여왕까지 왕의 이름을 모두 불교식으로 지었어. 지식층이던 승려들은 왕에게 조언도 하고, 화랑도의 정신 교육을 담당하는 등 신라에서 중요한 역할을 담당했어.

❁ 화랑도

  삼국이 치열하게 전쟁을 벌이던 시절, 국가에서는 젊은 인재를 양성하며 청소년에게도 군사 훈련을 시켜야 했어. 이에 신라 진흥왕은 기존 청소년 집단을 국가 조직으로 정비해 화랑도를 만들었지. 즉, 화랑도는 화랑이 이끄는 청소년 무리였어. 화랑의 뜻을 글자 그대로 풀어 보면 '꽃처럼 아름다운 남자'를 뜻해. 화랑을 뽑는 기준에 외모도 포함되어 있었던 걸까?

  화랑도 전에는 '원화'라는 제도가 있었어. 그때는 아름다운 여자 둘이 원화가 되어 청소년들을 이끌었는데, 두 원화 사이에 불화가 생기며 한 명이 살해되고 말았어. 다른 원화는 이 사건으로 사형당했고, 결국 원화 제도는 폐지되고 말았지. 이후 아름답게 꾸민 남자를 '화랑'으로 삼아 무리를 이끌게 했다고 해.

  화랑은 나이가 15, 16세 정도 되는 남자 귀족 중에서 뽑았어. 《삼국사기》에 따르면 신라 시대를 통틀어 화랑이 200여 명 있었대. 신선 사상의 영향으로 이들은 국선이라 불리기도 했고, 불교가 한창 퍼져 나갈 때는 세상을 구원할 미륵처럼 여겨지기도 했어.

  화랑 한 명이 수백 명의 낭도를 이끌었는데, 낭도에는 여러 계층이 섞여 있었어. 화랑도의 교육은 승려가 맡았어. 원광 법사는 화랑도의 다섯 가지 계율, 아래와 같은 세속 오계를 만들었지.

세속 오계

사군이충事君以忠: 임금에게 충성
사친이효事親以孝: 어버이에게 효도
교우이신交友以信: 친구를 믿음으로 사귐
임전무퇴臨戰無退: 싸움에서 물러서지 않음
살생유택殺生有擇: 함부로 살생하지 말 것

세속 오계 중 살생을 함부로 하지 않는다는 내용에는 불교 사상이 담겨 있어. 임금을 충성으로 섬기고, 부모를 효도로 섬긴다는 내용에는 유교 이념이 들어 있지.

화랑도는 전쟁터에서 대활약을 펼쳤지만, 전투가 없는 평소에는 경치 좋은 산과 강을 찾아가 춤과 노래를 즐기며 신선처럼 풍류를 즐겼어. 그렇게 어울려 지내는 가운데 우정을 쌓고, 유교 경전도 공부하고, 무예도 연마했지. 황산벌 전투 때 신라를 위해 기꺼이 목숨을 바친 관창과 맹세를 지키려 친구를 따라 죽은 사다함이 화랑 중에서도 특히 유명해. 이들 말고 다른 화랑과 낭도들도 신의를 중시하며 나라를 위해 싸웠어. 이들 덕분에 신라는 삼국 통일을 이룰 수 있었을 거야.

무령왕

6세기는 지증왕에서 법흥왕, 진흥왕으로 이어지는 신라의 전성기였어. 그렇다고 다른 나라들이 가만히 있었던 것은 아니야. 특히 백제는 501년 무령왕 즉위 이후 나라 중흥의 발판을 마련했어. 우선 무령왕 즉위 전, 백제의 상황부터 살펴보자.

고구려가 전성기를 맞이한 5세기에 백제는 크게 위축되었어. 광개토 대왕의 아들인 장수왕은 평양으로 수도를 옮기고 남쪽으로 세력을 넓혔어. 장수왕의 공격으로 백제는 급기야 수도 한성이 함락되고 개로왕까지 죽는 위기에 부딪혔지. 개로왕의 뒤를 이은 문주왕은 수도를 웅진(공주)으로 옮기고 나라를 다시 일으켜 보려 했지만 잘되지 않았어. 엎친 데 덮친 격으로, 귀족들의 다툼 때문에 동성왕 때까지 백제의 왕권은 안정되지 못했어.

그러다 무령왕 때 마침내 백제는 국력을 회복했어. 무령왕은 중국 남조의 양나라에 사신을 보내면서 "고구려를 여러 번 격퇴해 다시 강국이 되었다"고 자랑하기도 했지. 무령왕이 다져 놓은 발판 위에서 다음 왕인 성왕은 백제의 중흥을 이끌었어.

무령왕의 출생에 대해서는 8세기에 완성된 일본 역사책인 《일본

서기》에 흥미로운 내용이 전해지고 있어. 일본 입장에서 과장하거나 왜곡한 부분도 있지만, 고대 한일 관계를 짐작할 만한 내용이 많이 실려 있지. 이 책에 따르면 무령왕은 임신한 어머니가 일본으로 가던 중 섬에서 태어나 시마노키미, 즉 '섬 임금'이라 불렸어. 그런데 무령왕릉에서 지석(죽은 사람의 인적 사항을 기록한 석판)이 발견되면서 무령왕의 생전 이름이 '사마'였음이 밝혀졌지. '사마'는 고대 우리말로 섬이란 뜻이야.

우리나라 고대 무덤은 대부분 묻힌 사람에 대한 기록이 없어서 연구에 어려움이 많아. 고구려 장군총, 신라 황남대총에도 누가 묻혀 있는지 논란이 지속되고 있지. 이런 상황에서 무령왕과 그의 왕비가 묻힌 무령왕릉은 굉장히 특별한 무덤이야. 무령왕릉에서 발굴된 갖가지 유물과 무덤의 구조는 백제의 역사·문화는 물론 고대 한·중·일의 문화 교류까지 보여 주고 있지.

무령왕릉에서는 무덤을 지키는 '진묘수'라는 돌짐승와 더불어 땅의 신에게 무덤으로 쓸 땅을 산다는 내용을 적은 매지권과 돈(고대 중국 화폐인 오수전) 꾸러미가 나왔어. 이런 유물은 중국 문화의 영향을 보여 줘. 한편 무령왕과 왕비의 목관은 일본에서 자라는 '금송'이란 나무로 만들어졌어. 이는 당시 백제와 일본의 교류를 보여 주지. 무령왕릉에서는 이 외에도 백제 금속 공예의 진수를 보여 주는 유물이 많이 출토되었어.

중국 남조의 영향을 받아 축조된 무령왕릉의 내부 무령왕릉은 공주 송산리 고분군 중 하나이다. 6 호분(송산리 벽화 고분)처럼 연꽃무늬 벽돌로 가로쌓기와 세로쌓기를 반복하여 벽을 쌓았다. 이러한 벽돌무덤은 중국 남조의 영향을 보여 준다.

무령왕릉 외부 발견될 때까지 무덤이 통째로 땅 속에 파묻혀 있었던 덕에 오랜 세월 도굴의 피해를 입지 않았고, 수많은 유물이 쏟아져 나왔다.

무령왕릉에서 나온 진묘수 무덤을 지키는 상상 속의 동물이다. 무령왕릉의 진묘수는 정수리에 쇠뿔이 꽂혀 있고 입술에는 붉은 흔적이 남아 있다.

✤ 을지문덕

    고구려는 6세기에 나라 안팎으로 위기에 직면했어. 귀족 세력이 다투는 사이에 백제와 신라의 협공으로 한강 유역을 잃었고, 6세기 말에는 중국을 통일한 수나라에도 맞서야 했거든.

    612년, 수 양제는 113만 대군을 동원해 고구려 정벌을 감행했어. 여러 달 싸웠지만 별 소득이 없자 수 양제는 30만 별동대에게 평양성 진격을 명령했지. 이 별동대가 압록강 북쪽의 오골성에 머무를 때, 고구려 장수 을지문덕이 찾아왔어. 을지문덕은 항복하는 척하며 수나라 군대를 살폈지. 이때 수나라 병사들이 전쟁에 지쳐 식량을 구덩이에 파묻는 모습을 보았어.

    압록강을 건너 고구려로 돌아온 을지문덕은 멀리서부터 행군해 온 수나라 군사들을 더욱 지치게 만드는 작전을 짰어. 고구려 군대는 싸우는 척하다가 도망가기를 반복하면서 하루에 일곱 번이나 수나라 군대에게 승리를 안겨 주었어. 전략인 줄도 모르고 수나라 군대는 살수(청천강)를 건너 평양성 근처에 이르렀지. 을지문덕은 수나라 장군 우중문에게 시를 보내 그만 물러가라고 권했어.

    수나라 군대는 이미 기진맥진한 상태였지만, 우중문은 철수할 생

각이 없었어. 그러나 "물러가면 우리 왕을 모시고 내가 수나라로 가서 황제를 찾아뵙겠다"는 을지문덕의 거짓 항복에 못 이기는 척, 돌아가기로 했어. 그러자 고구려 군대는 수나라 군대를 추격해 살수에서 총공격을 퍼부었어. 이 전투가 유명한 살수 대첩이야. 612년의 일이었지.

을지문덕은 성姓이 무엇일까? '을지'씨 또는 '을'씨라고 생각할 수 있지만, 답은 '모른다'야. 평강 공주와 결혼한 온달처럼 고대 사람들은 대부분 성이 없었어. 선비족의 성인 '울지'가 을지문덕의 본래 성이라는 주장이 나오기도 했지만, 을지문덕이 살던 시대에 민족 구분은 무의미해. 만주와 한반도에 걸친 대제국인 고구려에는 중국에서 망명해 온 사람들을 포함해 여러 민족이 포함되어 있었어. 출신이야 어찌 됐든 을지문덕은 고구려 사람이었지. 살수 대첩의 대승리 또한 을지문덕 한 사람의 힘이 아니야. 고구려의 오랜 전통, 튼튼하게 쌓은 성, 하나 되어 싸운 백성 등이 있었기에 가능한 일이었어.

을지문덕이 우중문에게 보낸 시는 "만족한 줄 알고 그만두는 것이 어떠한가?"라는 내용으로 마무리돼. 이 내용은 노자의 《도덕경》에 나오는 "만족할 줄 알면 욕되지 않고, 그칠 줄 알면 위태롭지 않다."는 사상과 맞닿아 있어. 당시 고구려에 노자·장자로 대표되는 도가 사상이 들어와 있었거든.

도교 ✤

'도사'라는 말은 어디서 유래했을까? 바로 도교에서 유래했어. 원래 도사는 도교 사원에서 수행하는 사람을 가리켰거든. 도교는 신선 신앙, 별자리 신앙, 음양오행설 등 중국의 여러 민간 신앙을 아우르며 생겨났어. 도가 사상을 하나의 줄기로 삼아 교리를 정비했지만, 도교와 도가 사상이 완벽하게 일치하지는 않아. 도교에서는 자연 그대로의 상태를 되찾아 평화와 안정을 이루고자 수행에 몰두하는 신자들이 많았어.

삼국 시대 우리나라에 전해진 도교는 일상 속에 자연스레 스며들어 고분 벽화, 공예품 등에 담겼어. 예를 들어, 2018년 평창 동계 올림픽 개회식 공연에 등장한 인면조는 고구려 고분 벽화의 소재 중 하나야. 인면조는 사람 얼굴을 한 새로, 도교에서는 왕자교라는 사람이 신선이 되어 하늘로 날아갈 때 몸은 새였지만 사람 얼굴을 하고 있었다고 이야기해. 이런 믿음에 따라 인면조는 장수와 불사不死를 상징하지.

고구려 고분 벽화 중에는 생활 풍속도나 불교와 관련된 그림도 있지만, 여러 신선의 모습과 단약 사발도 눈에 띄어. 단약은 먹으면

죽지 않는다는 약으로, 고구려에 금가루로 만든 단약이 있었다는 중국 기록도 있어. 고구려 사람들은 관장식을 새 깃 모양으로 만들기도 했어. 무덤에 묻힌 사람이 새의 안내를 받으며 신선 세계로 올라간다고 믿었기 때문이지. 6세기 중엽 이후 고구려 고분 벽화에서는 사신도가 눈에 띄어. 사신四神이 사방을 지켜 준다는 믿음에 따라 동쪽에는 청룡, 서쪽에는 백호, 남쪽에는 주작, 북쪽에는 현무가 그려졌어.

도교는 백제에서도 유행했어. 무령왕릉의 진묘수는 죽은 자를 사악한 기운으로부터 지켜 주고, 신선 세계로 안내한다고 해. 백제 금동 대향로 뚜껑에는 신선이 사는 산이 묘사되어 있지. 백제 산수 무늬 벽돌에도 신선이 노닐 것 같은 풍경이 담겨 있어.

도교는 신라에도 어느 정도 영향을 끼쳤어. 삼국 통일 후인 9세기에는 김가기라는 사람이 도사로서 계속 수행하다가 삶을 마쳤다고 해.

도교의 영향을 받은 삼국 시대 유물

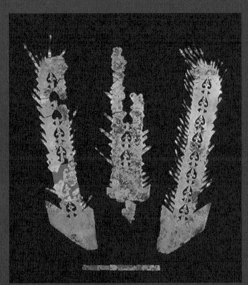

새 깃 모양 금동제 관식 5세기 고구려의 관장식이다.

백제 금동 대향로 용이 연꽃 봉오리를 물고 있는 모습의 향로 위에 봉황이 서 있다.

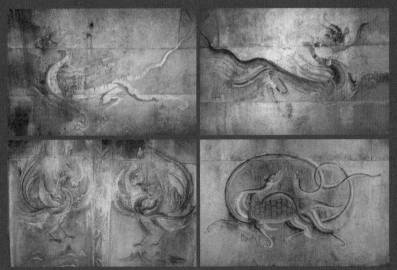

고구려 고분 벽화 강서대묘 사신도 이다. 좌측 상단부터 시계 방향으로 서방의 백호, 동방의 청룡, 북방의 현무, 남방의 주작이 그려져 있다.

※ 연개소문

수나라는 무리하게 고구려를 공격하다 결국 멸망하고 말았어. 뒤를 이은 당나라는 민심을 수습하며 고구려에 대해 신중한 태도를 보였어. 고구려의 집권 세력도 당나라와의 충돌을 피하려 했기 때문에 두 나라는 불안정하지만 우호적인 관계를 유지했어. 그러나 고구려에서 일어난 정변을 계기로 두 나라의 관계는 급격히 바뀌었어. 이때 정변을 일으킨 사람이 바로 연개소문이야. 연개소문은 어떤 사람이었을까?

연개소문은 연씨인데, '연(淵)'은 연못이라는 뜻이야. 연개소문 집안의 위세가 커지면서 연씨 집안의 시조가 물에서 태어났다는 설화까지 생겨났지. 하지만 연개소문은 신흥 귀족이어서 견제 세력이 많았어. 대신들뿐만 아니라 영류왕까지 자신을 제거하려 들자 연개소문은 귀족 100여 명을 죽이고 영류왕까지 시해한 다음 영류왕의 조카 보장왕을 왕으로 삼았어.

당 태종은 연개소문의 정변을 고구려 정벌의 명분으로 내세웠어. 중국 중심의 천하에서 연개소문 같은 대역 죄인을 가만둘 수 없다는 것이었는데, 실제 이유는 따로 있었어. 당시 당나라는 사방의 이

민족들을 모두 굴복시키고 고구려만 남겨 놓은 상태였거든. 한마디로 고구려가 눈엣가시였던 셈이야. 연개소문은 적극적으로 도교를 수용하는 등 당나라와 좋은 관계를 유지해 보려 했지만, 자신이 전쟁의 명분으로 지목된 이상 당나라와의 전쟁을 피할 수 없었어.

당 태종은 수나라의 멸망을 교훈 삼아 어느 때보다도 치밀하게 전쟁을 준비했어. 고구려 정벌에도 친히 나섰지. 그 덕인지 전쟁 초기, 당나라는 고구려의 여러 성을 격파했어. 하지만 안시성에서 고구려군의 거센 저항에 부딪힌 뒤, 고구려 원정을 후회하며 돌아가야 했지. 당 태종은 당나라로 돌아간 뒤에도 요동을 계속 침범하면서 고구려를 약화시키려고 했어.

당 태종의 뒤를 이은 당 고종도 계속 요동을 공략했지만 고구려의 방어로 번번이 실패했어. 당나라가 단독 작전의 한계를 깨달았을 때, 마침 신라의 김춘추가 고구려를 함께 공격하자고 제안했어. 신라와 연합한 당나라는 백제를 먼저 무너뜨리고, 그다음으로 고구려의 수도인 평양을 공격하기로 했지. 그러나 고구려를 무너뜨리기란 결코 쉽지 않았어. 662년에도 연개소문의 지휘 아래 고구려군은 당나라 군대의 평양성 공격을 막아 냈어.

하지만 연개소문이 죽자, 고구려의 하늘에 어두운 구름이 드리우기 시작했어. 연개소문에게 반대했던 귀족들과 보장왕은 당나라와의 관계를 개선해 보려고 노력했어. 연개소문의 세 아들 사이에서도 갈등이 첨예해졌지. 누군가의 이간질로 삼 형제 간에 갈등이 생긴 끝에 연개소문의 맏아들 연남생이 당나라로 망명해 버렸어. 절호의 기회를 잡은 당나라는 연남생을 앞세워 마지막 고구려 원정에 나섰지. 결국 평양성은 함락되고 고구려는 멸망하고 말았어.

연개소문은 정변이라는 부당한 방법으로 권력을 잡은 후 자기 집안의 권력 유지에 힘을 쏟았어. 그러다가 자식들이 갈등하는 바람에 고구려를 멸망시키고 말았지. 하지만 고구려의 멸망이 연개소문과 그 집안의 책임만은 아니야. 고

천남생 묘지 덮개돌의 탁본 중국 뤄양 북망의 무덤에서 출토되었다. 연남생이 당나라로 망명한 후 연개소문 집안은 당 고조 이연의 '연' 자를 피해 성을 '천'으로 바꿨다.

구려를 중화 질서에 넣으려는 당나라의 야심, 권력을 잡고 싶었던 고구려 귀족들 사이의 갈등이 고구려 멸망을 부추겼어.

여왕 ✤

우리 역사에서 여왕은 신라의 27대 선덕 여왕, 28대 진덕 여왕, 51대 진성 여왕, 이렇게 셋뿐이야. 선덕 여왕과 진덕 여왕은 7세기에, 진성 여왕은 9세기에 신라를 다스렸지. 어떻게 신라만 여왕이 다스릴 수 있었을까?

일단 신라의 독특한 신분 제도인 골품제부터 알아보자. 골품은 '골'과 '두품'이 합쳐진 말이야. 신라에서는 지배층을 성골과 진골, 그리고 6두품~1두품으로 구분했어. 성골과 진골은 왕족으로서 특권을 누린 반면, 6두품부터 1두품까지는 차별을 받았어. 두품 앞에 붙은 숫자가 클수록 신분이 높아서, 6두품은 득난(좀처럼 차지하기 어렵다는 뜻으로, '6두품'을 달리 이르는 말)이라 할 정도로 차지하기 어려운 신분이지만, 아무리 유능해도 중앙 관서의 차관까지밖에 오르지 못했어. 이러한 신분의 장벽 때문에 좌절하는 6두품도 많았어. 신라 말의 지식인 최치원이 대표적이야. 3두품부터 1두품까지는 일반 백성과 별반 다르지 않았어.

성골과 진골은 둘 다 왕이 될 수 있는 신분이었지만, 진골보다 성골이 높은 신분이었어. 같은 왕족의 신분이 왜 이렇게 나뉘었는지는 아

성골

진골

6두품

5두품

4두품

3~1두품(점차 소멸)

직 확실히 밝혀지지 않았지만, 신라 왕실이 석가모니와 같은 '신성한 혈통'임을 내세우면서 신성한 신분인 성골이 생겨나지 않았을까 싶기도 해. 성골과 진골의 구분은 진평왕 때 뚜렷이 드러났어. 아들이 없던 진평왕은 성골만 왕위를 이을 수 있다며 딸 덕만에게 왕위를 물려주었어. 그렇게 우리 역사상 최초의 여왕인 선덕 여왕이 등장했지.

선덕 여왕이 왕위에 오르자 상대등(당시 신라 최고의 관직) 비담이 반란을 일으켰어. 비담의 난은 진압되었지만, 신라 귀족들은 끊임없이 여왕의 통치에 반발했어. 당나라도 신라 여왕을 못마땅하게 여겼지. 당 태종이 모란꽃 그림을 보내자, 선덕 여왕이 "그림에 나비가 없으니 향기가 없을 것이다"라고 말했다는 이야기가 유명하지. 이 이야기에서 드러나는 것처럼 지혜로웠던 선덕 여왕은 황룡사 9층

목탑을 세우는 등 불교를 통해 권위를 강화하려 했어. 분황사와 첨성대도 선덕 여왕이 세웠어. 분황사라는 이름에는 '향기 분芬'에 '황제 황皇'이 더해져 향기로운 황제, 즉 여왕이 세운 절이었음이 나타나 있지. 첨성대는 동양에서 가장 오래된 천문대로 알려져 있는데, 여왕의 신성한 탄생을 상징한다고 보는 학자들도 있어.

《삼국사기》에 따르면, 진덕 여왕을 마지막으로 성골이 사라졌고 진덕 여왕 때에는 김춘추와 김유신이 정치를 이끌어 나갔어. 그러다 진골로서는 처음으로 김춘추가 왕이 되었지. 그가 바로 삼국 통일의 기반을 닦은 태종 무열왕이야. 654년 진덕 여왕이 죽고 나서 200여 년이 흐른 후, 887년 신라의 마지막 여왕이 등장해. 50대 정강왕 다음으로 그의 여동생 진성 여왕이 왕위에 오른 거야. 여성의 정치 참여가 흔치 않았던 우리 역사에서 신라의 여왕은 단연 돋보이는 존재야.

선덕 여왕 때 만든 첨성대와 분황사 우리 역사상 최초의 여왕인 선덕 여왕은 국내외의 여러 어려움을 헤쳐 나가며 신라를 이끌었고, 뛰어난 문화유산을 남겼다.

❀ 김춘추

    김춘추는 원래 왕위 계승에서 멀어진 왕족이었어. 할아버지인 진지왕이 귀족들의 반발로 왕위에서 쫓겨난 탓이었지. 그렇지만 김춘추는 신라의 왕이 될 수 있었어. 성골이 아닌 진골 출신이었는데도 말이야. 뛰어난 외교술로 당나라와 연합해 신라를 위기에서 구한 덕분이었지.

    선덕 여왕 때 신라는 백제와 고구려의 협공으로 위기에 처했어. 급기야 서쪽 국경에 있던 대야성마저 백제군에 함락되었지. 이때 김춘추는 대야성의 성주였던 사위와 딸을 잃었어. 가족을 잃은 슬픔은 이루 말할 수 없었지만, 국가 위기를 헤쳐 나가야만 했어.

    김춘추는 일단 고구려에 지원군을 청했어. 그러자 연개소문은 한강 이북의 땅 먼저 돌려 달라고 요구했지. 이 요구를 거절한 탓에 감금된 김춘추는 고구려의 관리로부터 《별주부전》의 토끼와 자라 이야기를 들었어. 자라의 꾐에 빠져 용궁까지 따라간 토끼가 기지를 발휘해 탈출했다는 이야기 말이야. 김춘추는 이 이야기에서 힌트를 얻었어. "일단 풀어 주면 신라에 가서 이야기해 보겠다." 이렇게 이야기한 덕에 간신히 풀려났지.

김춘추는 일본의 협조를 얻는 데도 실패했지만, 당나라와는 군사 동맹을 맺을 수 있었어. 당시 당 태종은 김춘추의 풍채에 감탄했다고 해. 여러 역사서에서도 김춘추가 잘생긴 외모에 뛰어난 말솜씨는 물론, 외교술과 정치적 감각까지 갖췄다고 전하고 있어.

용맹한 장수 김유신도 김춘추에게 큰 도움이 되었어. 김유신은 뛰어난 무예로 전쟁에서 큰 공을 세웠지만, 신라에게 멸망당한 금관가야 왕족 출신이어서 신라 토착 귀족들로부터 냉담한 시선을 받고는 했어. 그런 점에서 김유신은 왕족이지만 왕위 계승이 어렵던 김춘추와 심정적으로 통하는 점이 많았을 거야. 김춘추는 김유신의 여동생인 문희와 결혼했는데, 《삼국유사》에 재미난 사연이 실려 있어.

어느 날 김춘추는 김유신과 함께 공을 차다가 옷고름이 떨어졌다. 이때 문희가 김춘추의 옷고름을 꿰매 주고 나서 두 사람은 사랑하는 사이가 되었다. 문희가 결혼식도 올리기 전에 임신하자, 김유신은 선덕 여왕이 행차할 때를 기다렸다가 문희를 불태우겠다며 장작불을 피웠다. 연기를 본 선덕 여왕은 신하들에게 자초지종을 들었고, 김춘추에게 얼른 가서 문희부터 구하라고 명했다. 그렇게 해서 김춘추와 문희는 결혼했다. 두 사람 사이에서 태어난 장남은 훗날 문무왕이 되었다.

진덕 여왕이 죽자 귀족들은 회의를 열어 왕위 계승자를 정했어. 이때 김유신의 위세가 강하게 작용한 덕분에 김춘추는 왕위에 오를 수 있었지. 진골 김춘추가 왕위에 오르고, 태종 무열왕이 된 거야. '무

경주 태종 무열왕릉비의 머릿돌과 받침돌 신라 제29대 왕인 태종 무열왕의 능 앞에 세워진 석비다. 통일 신라에 세워진 비들은 중국 당나라의 영향을 받아 받침돌은 거북 모양을 하고 있고, 비 위의 머릿돌에 용의 모습이 새겨져 있는데, 태종 무열왕릉비에 이러한 양식이 처음 나타났다.

열왕'은 죽은 후에 생전의 업적에 따라 붙인 시호이고, 그 앞에 붙은 '태종'은 묘호야. 묘호는 종묘에 제사를 올릴 때 신위에 붙이는 이름으로, 신성하면서 높고도 귀한 의미가 담겨 있어. 묘호 끝에는 '조'나 '종'을 붙이는데, 신라에서는 무열왕만이 묘호를 받았어.

김춘추는 삼국의 항쟁에 외세를 끌어들였다는 비판도 받지만, 삼국은 오랫동안 제각기 개성을 지닌 채 영토를 더 많이 차지하려고 다투었어. 삼국 사람들에게 오늘날 같은 민족의식은 없었지. 그런 관점에서 김춘추는 탁월한 외교술과 장기적인 안목으로 어려움에 빠진 신라를 구한 영웅이야. 삼국 통일의 기초를 닦은 사람이기도 하지. 661년 김춘추가 죽은 후, 아들인 문무왕이 삼국 통일을 이루었어.

바다의 용이 된 문무왕,
만파식적을 만든 신문왕

《삼국사기》와 《삼국유사》에는 삼국 통일을 완수한 문무왕과 아들 신문왕에 관련된 흥미로운 내용이 기록되어 있어. 내용을 종합하면 다음과 같아.

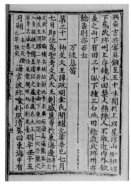

《삼국유사》 2권에 실린
만파식적 설화

문무왕은 죽어서도 바다의 용이 되어 신라를 지키겠다고 했다. 신하들은 그 말에 따라 문무왕을 화장한 후 유골을 바다의 큰 바위 위에 장사 지냈다. 문무왕의 아들 신문왕은 용이 된 아버지가 드나들 수 있도록 감은사 밑에 구멍을 만들어 두었다. 어느 날 용의 말을 듣고 신문왕은 대나무로 피리를 만들었다. 이 피리는 외적, 질병, 가뭄 등 온갖 시름을 사라지게 한다 하여 '만파식적'이라는 이름이 붙었다.

이 이야기에는 나라가 평안하길 바랐던 신라 사람들의 마음이 담겨 있어. 이 같은 사회 분위기 속에서 신라의 왕권은 크게 강화될 수 있었어.

발해

발해는 698년 대조영이 고구려 유민들과 말갈족을 이끌고 세운 나라야. 처음에는 나라 이름이 진국이었는데, 대조영이 당나라로부터 발해군왕에 책봉된 다음에 발해로 고쳐 불렀어. 발해는 926년에 멸망할 때까지 230년 가까이 유지됐지. 발해의 남쪽에 신라가 있었기 때문에 이 시대를 '남북국 시대'라고도 해.

발해는 영토가 신라의 네다섯 배였어. 고구려보다도 두 배 가까이 넓었어. 지금으로 치면 중국 동북 지역과 북한 땅덩이의 대부분에 더해 러시아의 연해주까지 차지하고 있었지. 이 때문에 발해 역사는 우리나라뿐만 아니라 중국이나 러시아에서도 연구되는데, 나라마다 발해를 바라보는 시각이 달라 연구에 어려움이 많아.

중국은 발해를 중국사에 넣어 버렸지만, 사실 발해는 황제국을 내세울 만큼 독립적이었어. 밖으로는 당나라의 책봉을 받아들여 '왕'이라 칭하면서도, 안으로는 '황제'를 칭하고 스스로 연호를 만들어 사용했어. 두 번째 왕인 무왕 때는 당나라를 공격하기도 했지.

발해는 3대인 문왕 때부터 당나라 문화를 적극 받아들였지만, 독자성도 잃지 않았어. 기본적으로 당나라의 3성 6부 체제를 본떠 중

발해 전성기의 영토

흑수말갈

철리부

쑹화강

거란

부여부　발해　상경 용천부

동모산

솔빈부

당

장령부　동경 용원부

중경 현덕부　정리부

랴오둥강

백두산

요동성　서경 압록부

남경 남해부

동해

황해

신라

● 5경(발해 시대 5개 수도)

앙 조직을 꾸렸지만, 당나라의 문하성·중서성·상서성을 그대로 가져오지는 않았거든. 정당성·선조성·중대성으로 이름부터 달랐지. 이 중 왕명을 집행하는 정당성이 가장 큰 권한을 가졌어. 6부의 이름에도 당나라의 '이·호·예·병·형·공'이 아닌 유교 덕목인 '충·인·의·지·예·신'을 붙였어.

　발해는 고구려를 계승한 나라였어. 이는 일본에 보낸 국서에서도 확인돼. 발해를 건국한 대조영은 고구려 유민으로 짐작되지. 발해의 지배층 중에는 고구려 계통의 고씨가 많았을 뿐만 아니라, 문왕의 딸인 정혜 공주의 무덤도 고구려 지배층 무덤 양식을 따랐어. 유적인 온돌, 연꽃무늬 와당(기와 끝에 둥글게 모양을 낸 부분), 금제 관장식 등도 발해가 고구려를 계승했음을 보여 줘.

발해와 신라의 관계는 어땠을까? 두 나라의 대결 의식은 상당했어. 당나라에는 외국인들이 치르는 '빈공시'라는 과거가 있었는데, 이 시험에서 발해 사람이 신라 사람보다 높은 점수를 받고 수석을 차지하자 신라의 지식인 최치원은 "영원한 수치"라며 탄식했어. 하지만 발해와 신라 사이에도 교섭은 있었어. 발해에는 신라로 가는 '신라도'라는 길이 있었고, 신라 북쪽 땅과 발해를 잇는 39개의 역이 있었다고 해.

당나라는 9세기에 '바다 동쪽의 융성한 나라'라는 뜻으로 발해를 '해동성국'이라 불렀어. 그렇지만 9세기 말부터 쇠퇴하던 발해는 926년 거란의 공격으로 결국 멸망했어.

화백

중국 역사책인 《신당서》에는 신라에 '화백'이라는 회의가 있었다고 기록되어 있어. 화백 회의에서 국가의 중요한 일을 의논했고, 이때 의견을 달리하는 사람이 한 명이라도 있으면 결정을 뒤로 미뤘다고 해.

화백 회의와 비슷한 회의는 고구려, 백제에도 있었어. 삼국은 원래 여러 부部의 연맹체로 출발했어. 고구려에는 5부, 신라에는 6부가 있었고, 백제에도 부여와 고구려계 이주민 집단으로 이루어진 부가 있었지. 각 부는 우두머리인 수장이 자율적으로 다스렸어. 왕은 세력이 가장 강한 부의 수장이면서 동시에 국가 전체를 다스리는 존재였지. 이때까지는 왕이 각 부의 수장을 통제하지 못했기 때문에 수장들의 회의가 중요할 수밖에 없었어.

고구려에서는 부여의 '마가, 우가'처럼 수장을 가加라고 불렀어. 제가諸加, 즉 여

포항 냉수리 신라비 6세기 초, 지증왕이 6부의 수장들과 회의하며 나라를 다스렸음을 알려 준다.

67

러 가들이 모인 회의를 '제가 회의'라고 해. 제가 회의에서 최고 관직인 대대로를 뽑았고, 국가를 위협하는 범죄자가 있을 경우 처벌 문제를 의논해 사형에 처했어.

　백제에는 정사암, 즉 정치를 의논하는 바위가 있었어. 백제 귀족들은 재상이 될 만한 사람들의 이름을 적어 상자에 넣고 정사암 위에 두었어. 그러고는 얼마 후 상자를 열어 이름에 도장이 찍힌 사람을 재상으로 뽑았다고 해.

신라에는 사람들이 성스럽게 여기는 장소가 네 곳 있었어. 아마 오래전부터 그곳에서 귀족들이 모여 나랏일을 의논했을 거야. 신라 초기에는 박씨, 석씨, 김씨가 교대로 왕위를 이은 탓에 왕권이 약했어. 그래서 6부의 수장이 모여 만장일치 원칙으로 나랏일을 의논했을 거야.

신라가 중앙 집권 국가로 나아가면서 화백 회의의 성격은 점차 바뀌었어. 법흥왕 때인 6세기 전반기에 최고 관직인 상대등을 둔 후 화백 회의는 상대등 중심으로 운영되었어. 왕은 참석하지 않았지. 이 무렵 6부의 수장은 독자적인 세력을 잃었고, 왕은 예전보다 훨씬 강한 권력을 쥐고 신하들을 지휘할 수 있었어.

7세기인 진덕 여왕 때는 행정 업무 집행을 총괄하는 집사부가 설치되었어. 이때부터 화백 회의는 정책 집행은 못 하고 의논과 결정만 할 수 있게 되었어. 삼국 통일 후에는 재상들이 화백 회의를 주도했기 때문에 '재상 회의'라고도 불렀어. 화백 회의는 왕권이 강해짐에 따라 기능이 점점 약해졌지만, 진골 귀족들의 이해를 대변하는 제도로 국정 운영에 줄곧 영향력을 행사했어.

장보고

신라는 8세기 후반부터 150여 년간 왕이 스무 명이나 바뀔 정도로 정치가 어지러웠어. 그사이 서남 해안에 나타난 해적들은 신라 사람들을 잡아다가 노비로 팔아먹었지. 장보고는 그렇게 혼란스럽던 시절, 바다에서 대활약을 한 사람이야.

장보고는 태어난 곳이나 조상에 대한 기록이 없어. 이를 통해 장보고가 별 볼 일 없는 평민이었음을 알 수 있어. 원래 이름인 궁복弓福 또는 궁파弓巴는 우리말로 활보, 즉 '활을 잘 쏘는 사람'을 뜻해. 아마 그는 훗날 청해진이 설치된 전남 완도에서 태어났을 거야. 당시 신라의 유학생, 승려, 해상 무역을 하는 사람 등은 당나라로 많이 떠났어. 젊은 장보고도 친구와 함께 당나라로 건너갔지.

무예에 능했던 장보고는 당나라 군대에 들어가 장교가 되었어. 당시 당나라에서는 평민도 성을 가지고 있었어. 장보고는 자신의 이름 중 궁弓 자에 힌트를 얻어 비슷한 중국의 장張씨라는 성을 붙이고, '복'의 음을 따라 '보고'라는 이름을 짓지 않았을까 싶어.

신라로 돌아온 장보고는 해적을 단속해야 한다며 흥덕왕에게 청해(완도)를 지키게 해 달라고 건의했어. 이렇게 설치된 청해진을 근거

장도(장군섬) 청해진의 본부가 있었던 곳이다. 기와, 토기 등 여러 유적과 유물이 발견되고 있으며 물이 빠지면 청해진 방비를 위해 섬 둘레에 박아 놓았던 목책의 흔적이 드러난다.

지 심아 장보고는 해상 무역을 펼쳐 나갔어. 일본에 '재물이 많다'는 뜻의 장보고張寶高로 기록될 정도로 재산을 엄청나게 불려 나갔고, 주위에 사람들도 많이 모여들었지.

왕위 다툼에 휘말린 장보고는 청해진 군사들로 민애왕이 보낸 정부군을 격파했어. 결국 민애왕은 죽고, 장보고의 도움을 받은 신무왕이 즉위했어. 신무왕의 아들 문성왕은 아버지의 즉위를 도운 장보고에게 진해장군이라는 장군 칭호를 내렸어. 신라가 진골이 아니면 장군직을 맡기 어려운 사회였던 만큼, 평민 출신이던 장보고는 파격적 대우를 받은 셈이야.

장보고는 딸을 문성왕의 둘째 왕비로 들여보내 중앙 정계로 진출하려 했어. 신무왕이 장보고와 사돈을 맺겠다고 약속한 상황이기도 했지. 하지만 진골 귀족들은 "섬사람의 딸을 어찌 왕비로 들이느냐."며 극구 반대했지. 문성왕은 귀족들의 반대를 꺾지 못했고, 장보고의 야망은 좌절되고 말았어.

　장보고의 세력은 이미 신라 정부를 위협할 정도였어. 아버지의 즉위 과정에서 장보고 군대의 위력을 경험한 문성왕은 장보고가 군대를 이끌고 달려올까 봐 전전긍긍하던 끝에 암살자를 보냈어. 결국 장보고는 문성왕이 보낸 장수 염장에게 살해당하고 말았어. 섬사람이었던 장보고는 탁월한 능력으로 출세하며 골품제의 벽을 뛰어넘었지만, 장보고의 죽음을 통해 여전히 폐쇄적이던 신라 사회의 단면을 엿볼 수 있지.

제 3 장

고려의 성립과 변천

왕건이 세운 고려는 후삼국을 통일하는 데 성공했어.
고려는 신라 말부터 쌓여 있던 여러 문제를 해결해 나갔지.
약 500년간 유지된 고려에서는 과연 무슨 일이 있었을까?

호족

호족은 신라 말에 등장한 지방 세력이야. 신라 말, 귀족들은 왕위 다툼에만 신경 쓰느라 지방을 통제하지 못했어. 그동안 지방 곳곳에서 호족이 성장했지. 호족은 스스로를 장군 또는 성주라 하면서 자기 지역을 독자적으로 다스렸어. 호족의 성장은 후삼국 성립으로 이어졌는데, 견훤이 후백제, 궁예가 후고구려를 세웠어. 나라 안에 또 다른 국가가 둘이나 생기자 신라는 걷잡을 수 없이 혼란스러워졌어.

궁예는 원래 신라 왕실에서 태어났는데, 나라를 망칠 아이라는 예언 때문에 버림받았다고 해. 높은 곳에서 던져 죽이려는 것을 유모가 겨우 받아 내 살렸는데, 이 과정에서 한쪽 눈이 멀었다고 하지. 애꾸눈 궁예는 탁월한 카리스마로 나라를 세웠지만 미륵보살을 자처하며 속마음이 훤히 들여다보인다는 핑계로 사람들을 마구 죽인 탓에 신뢰를 잃고, 신하들에게 쫓겨나 산속 깊은 곳에서 초라한 최후를 맞았어.

궁예가 쫓겨난 후, 왕으로 추대된 왕건이 고려를 세웠어. 이후 견훤과 왕건의 첨예한 대결이 시작되었어. 견훤은 상주에서 농민의 아들로 태어나 군인이 된 사람이었어. 전라도에서 세력을 키웠기에 그 지역 사람들의 백제 계승 의식을 토대로 후백제를 세웠지. 왕건은 송악(오늘날 개성)의 호족 출신으로, 그의 조상들은 송악을 근거지로 삼아 예성강과 서해에서 무역을 하며 돈을 번 해상 세력이었어.

두 사람의 대결은 왕건의 승리로 끝났어. 견훤이 다른 호족들의 포섭이나 민심에 별로 관심이 없었던 반면, 왕건은 겸손한 자세로 두둑한 선물을 보내며 호족들을 자기편으로 끌어들였거든. 농민의

고충을 생각해 세금을 줄이는 정책도 내세웠지. 인정사정없이 경애왕을 죽이고 경순왕을 세운 견훤과 달리, 신라에게도 따뜻한 태도를 보여 경순왕이 스스로 항복하게끔 만들었어.

결정적으로, 왕위를 물려주는 문제로 견훤이 맏아들 신검의 불만을 사면서 후백제에 내분이 일어났어. 신검에 의해 금산사에 갇혔다가 가까스로 빠져나온 견훤은 왕건에게 가서 항복했어. 상황이 그렇게 흘러가자 고려의 후백제 제압은 시간문제였지.

936년 고려군은 신검이 이끄는 후백제군과 마지막으로 일리천(경북 구미시를 흐르는 낙동강 지류)에서 맞붙었어. 이 전투에서 호족이 이끄는 군사는 고려군의 40퍼센트 이상이었어. 이러한 군사력만 봐도 호족이 고려의 후삼국 통일에 지대한 역할을 했음을 알 수 있지. 후삼국 시대는 약 40년에 불과했지만, 호족이 신라의 진골 귀족을 제치고 지배층으로 대두하는 변화를 이루었어.

고려 시대에 보편화된
'본관'과 '성'

우리나라 국민이면 오늘날에는 누구나 본관과 성을 갖고 있어. 본관은 아버지 쪽 시조의 거주지나 근거지를 뜻해. 예를 들어 안동 권씨의 본관은 안동이지. 이러한 본관과 성은 고려 시대에 보편화되었어.

930년 태조 왕건은 고창 전투에서 후백제를 꺾은 후 지역 이름을 '동쪽 지역이 평안해졌다'는 의미의 안동安東으로 바꿨어. 그다음 고창 전투에서 활약한 권행, 김선평, 장정필에게 각각 안동을 본관으로 권, 김, 장이라는 성씨를 내렸지.

이렇게 본관과 성씨를 내리는 정책은 당나라에도 있었어. 중국을 통일한 당나라는 유력자에게 본관과 성씨를 내려 권위를 높여 주면서 협조를 구했지. 고려 태조도 이런 정책을 통해 지방 세력의 권위와 자율권을 인정해 주는 한편, 그들을 국가의 지배 질서 속으로 끌어들였어.

안동 태사묘 고려 태조로부터 대광태사란 벼슬을 받은 권행·김선평·장정필의 위패를 모신 곳이다. 세 사람은 각각 안동 권씨, 안동 김씨, 안동 장씨의 시조가 되었다.

❋ 팔관회·연등회

불교에서는 살생·도둑질·간음·헛된 말·음주·사치를 금하고, 높은 곳에 앉지 말며, 오후에는 금식해야 한다는 계율이 있어. 팔관회는 원래 이 여덟 가지 계율을 지키는 불교 의식인데, 토속 신에 대한 제례와 합쳐져 국가 행사로 열렸어. 신라 진흥왕 때부터 개최되었고, 궁예도 팔관회를 열었어. 고려 태조도 후대의 왕들을 위해 남긴 훈요 10조에서 팔관회·연등회 개최를 당부했지.

고려는 신라의 팔관회와 더불어 고구려의 제천 행사인 동맹까지 계승해 팔관회를 대대적으로 치렀어. 팔관회가 열린 곳은 고려 시대에 가장 중시한 두 도시, 개경(개성)과 서경(평양)이었어. 개경에서는 해마다 음력 11월 15일에 궁궐과 사원에서 팔관회가 열렸고, 서경에서는 한 달 전인 음력 10월 15일에 팔관회가 열렸어.

고려 태조는 918년 팔관회를 관람하면서 '부처를 공양하고 신을 즐겁게 하는 모임'이라 했고, 훈요 10조에서는 천령·오악·명산·대천·용신을 섬기는 대회라 했어. 팔관회가 열리는 밤이면 사방에 수많은 등을 밝히고, 불교와 민속적 요소가 어우러진 여러 놀이와 노래, 춤이 행해졌어. 그리고 임금의 장수와 천하태평을 기원하는 노래와 풍악이 울려 퍼졌어. 왕과 신하들은 술과 다과를 즐기며 나라와 왕실이 평안하길 빌었지. 이처럼 팔관회는 불교뿐 아니라 다양한 종교와 문화가 어우러진 행사였어.

　또한 팔관회는 송나라 상인, 여진·탐라의 사절이 와서 고려 국왕에게 축하 선물을 바치고 무역하는 국제적 행사였어. 고려 국왕은 천자(황제)만 입을 수 있는 황포(누런색 예복)를 입고, 고려의 영향권 내에서 자신이 천자임을 과시했어. 대외적으로는 송, 거란 등과 조

조계사 연등 야경 기록상 남북국 시대 신라 경문왕 6년에 처음으로 등장한 연등회는 지금까지 1200년 가까이 지속된 전통문화로 국가 무형 문화재 122호이자 유네스코 인류 무형 문화유산이다.

공·책봉 관계를 맺었지만, 대내적으로는 황제의 나라에 걸맞은 체제를 갖추고 있었거든.

연등회는 등을 달고 불을 환히 밝혀 부처의 공덕을 기리는 의식이야. 고대 인도에서부터 내려온 이 의식은 중국에 전해지면서 해마다 치르는 행사가 되었어. 우리나라에서는 고려 초부터 연중행사가 되었지.

대개 음력 2월 14일부터 15일까지 이틀 동안 연등회 행사가 진행되었어. 첫째 날에는 국왕이 태조의 어진에 향을 올리고 제사를 지냈지. 연등회에는 부처의 공덕을 기리는 원래 의미와 함께 태조를 숭상하는 정치적 의의가 있었던 거야. 연등회 행사날 밤이면 대궐 안에 수많은 등이 밝혀진 가운데 축제가 펼쳐졌어.

팔관회와 연등회는 불교 행사이면서 전통 신앙과 어우러진 종합적 문화 행사였어. 고려 사람들은 이런 행사로 하나가 되었을 뿐만 아니라 현실적인 어려움을 극복할 힘도 얻곤 했어.

사심관·기인

고려의 태조 왕건은 호족을 구슬리는 한편 통제하기 위해 여러 방법을 썼어. 사심관과 기인 제도도 그 일환이었지.

935년 고려 태조는 귀순한 신라의 마지막 왕, 경순왕을 경주의 사심으로 삼았어. 이후 공신들이 출신 지역의 사심으로 임명되면서 사심관이 제도화되었지. 중앙에서는 지방의 사정에 깜깜하니, 중앙 관리를 출신 지역의 사심관으로 삼아 그 지역에 대해 묻고 어느 정도 책임을 지운 거야. 사심관은 출신 지역 부호장 이하 향리를 임명하는 데도 참여하고, 그 지역에서 일어나는 일에 대해 연대 책임을 졌어. 중앙과 지방의 소통이라는 취지는 좋았지만, 사심관이 권위를 내세우며 문제를 일으키는 일도 많았기 때문에 고려 말에 폐지되었어. 조선 시대에는 서울에 경재소를 두어 고려의 사심관이 하던 역할을 맡겼어.

기인은 호족의 아들을 수도에 머무르게 한 제도야. 아들이 수도에 있으면 아무래도 호족이 마음대로 권력을 휘두르지 못했겠지? 신라에도 기인과 같은 목적의 상수리 제도가 있었어. 상수리(上守吏)를 말 그대로 풀면 '위(중앙 정부)로 올라와 지키는 관리' 정도의 뜻이 되지.

기인은 일정 기간 동안 중앙 관청에서 일하면서 정부가 출신 지역의 사정을 파악하도록 도와주었어. 이를테면 과거 시험을 치른 사람이 그 지역 출신이 맞는지, 사심관으로 누구를 임명할지 등에 대한 의견을 말했지. 그러한 일이 끝나면 기인은 중앙 관직을 얻을 수 있었어. 하지만 지방관 파견이 늘면서 기인은 점점 역할이 줄어들어 대우가 열악해졌어. 기인은 관청의 잡다한 일이나 개간 사업에 동원되다가 조선 전기에 아예 제도가 폐지되었어.

광종 ❖

광종은 고려의 4대 왕이야. 빛나는 업적을 남겨서인지 이름에도 '빛 광光' 자가 들어 있어. 왕권을 강화했다는 점에서 광종은 고려 왕 가운데 단연 돋보여. 고려 초기 왕권은 너무나 불안정했거든. 여기에는 이유가 있어. 고려 태조 왕건은 호족들을 구슬려 가며 후삼국을 통일하고 여러 정책을 추진했어. 그러기 위해 여러 호족의 딸과 결혼한 탓에 왕비가 스물아홉 명, 아들은 스물다섯 명이었지.

첫째 왕비에게서 아들을 얻지 못한 태조는 두 번째 왕비인 장화 왕후 오씨의 장남 왕무(훗날 2대 혜종)에게 왕위를 물려주었어. 그런데 장화 왕후 오씨 집안의 세력이 약하다 보니 여러 호족이 왕위 계승에 불만을 가졌어. 그중 왕요·왕소 형제가 가장 혜종의 왕위를 노렸어. 위태롭게 왕위를 유지하던 혜종은 즉위 2년 만에 죽고, 뒤이어 혜종의 배다른 동생 왕요가 즉위했지. 왕요는 고려 3대 왕인 정종이야. 정종도 즉위 4년 만에 죽고 친동생 왕소가 즉위했어. 그가 바로 광종이야. 이렇게 왕권이 불안정한 동안 고려는 관료의 절반이 죽거나 다칠 만큼 정치가 어지러웠어.

이대로는 안 되겠다고 생각한 광종은 왕권을 강화하기 위해 특단의 대책을 내놓았어. 바로 노비안검법이야. 안檢은 살피고, 검檢은 조사한다는 뜻이지. 호족은 전쟁 포로로 붙잡힌 양인이나 몰락한 양인을 자신의 노비로 삼았어. 그러고는 그들을 자기 집에서 부려 먹거나 사병으로 활용했어. 세금도 안 내고 군대도 안 가는 노비가 많으면 국가에서는 여러모로 손해였지. 노비안검법은 억울하게 노비가 된 사람을 원래 신분인 양인으로 되돌리는 법이었어. 광종은 노비안검법으로 호족의 세력을 약화시키고, 양인을 늘려 국가 재정과 군사력 면에서도 이득을 보았지.

또 다른 비책은 과거제였어. 과거제로 선발된 사람들은 실력도 있고, 충성 의식도 강해 왕권 강화에 도움이 되었지. 광종은 옷 색깔도 네 가지로 구분해 관료들의 위계질서를 분명히 했어. 이렇게 왕권을 강화한 광종은 수도 개경을 황제의 도읍이라는 뜻에서 황도, 서경을 서쪽의 도읍이라는 뜻에서 서도라고 부르게 했어.

이렇게 왕권을 강화하고 고려의 기틀을 다졌지만, 개혁을 가로막는 사람은 누구든 숙청한 탓에 성종 때 시무 28조를 올린 최승로 같은 유학자들은 광종을 비판했어. 유교에서는 왕이 신하들을 존중하는 정치가 이상적이라고 생각하기 때문이야.

청주 용두사지 철당간 당간은 절에서 당이라는 깃발을 달아 두는 장대이다. 철통에 새겨진 글을 통해 고려 광종 때 '준풍'이라는 연호를 사용했음을 확인할 수 있다.

준풍

과거제 ✤

　과거제는 시험을 통해 관리를 뽑는 제도야. 지금으로 치면 공무원 시험이랄까. 과거는 중국 수나라 때 처음 실시되었어. 우리나라에서는 고려 광종 때부터 시행되었지. 당시 광종은 호족과 상관없는 인재를 등용하고 싶어 고심하던 중이었어. 그때 후주(중국 5대의 마지막 왕조)의 관리이며 사절단으로 고려에 와 있던 쌍기가 광종의 눈에 띄었어. 귀화해서 고려 사람이 된 쌍기의 건의로 광종은 과거제를 실시했어. 이후 과거제는 1894년 갑오개혁 때 폐지되기까지 천년 가까이 유지되었어.

　골품제에 따라 진골 출신의 귀족들만 특권을 누릴 수 있었던 신라와 달리 고려의 지배층은 과거를 통한 관료 진출을 중시했어. 물론 모든 관료가 과거를 거친 것은 아니야. 국왕이 큰 공을 세운 사람 또는 재능 있는 사람을 관료로 발탁하기도 했고, 말단 서리가 여러 해 동안 착실히 일해서 관료가 되는 경우도 있었지.

　조상의 덕을 음덕이라고 하는데, 음덕으로 관직을 받는 음서 제도도 있었어. 왕족이나 공신의 자손, 5품 이상 관료의 자손이 음서의 혜택을 받았어. 하지만 음서로 관직에 나아가는 사람은 적었어. 지배층이 음서보다 과거로 관료가 된 사람을 높이 평가했기 때문이야.

　고려 시대의 과거는 주로 문신을 뽑는 문과였어. 문과 시험에는 문장을 얼마나 잘 짓는지 시험하는 제술과, 유교 경전을 얼마나 이해했는지 시험하는 명경과가 있었어. 이 중 제술과가 더 중시되었어. 문과 말고는 기술관을 뽑는 잡과, 승려를 뽑는 승과가 있었고, 무신을 뽑는 무과는 일시적으로 시행되었어.

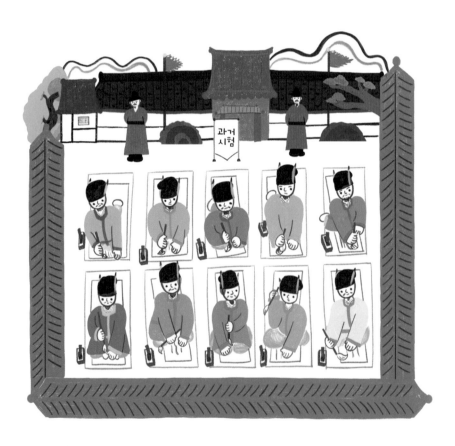

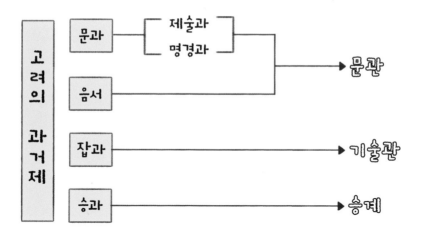

고려 초기 정치는 과거제 시행을 계기로 크게 바뀌었어. 실력 있는 관료들이 호족에 눌려 있던 국왕에게 힘을 실어 주었고, 과거 시험 과목에 유교 경전이 있었기 때문에 유교적 정치 이념이 뿌리내리게 되었지.

제술과와 명경과에는 향리층 중에서도 능력 있고 집안 배경도 좋은 사람이 응시할 수 있었어. 잡과는 양인 이상이 응시할 수 있었지만, 이들은 먹고살기에 바빴으니 잡과를 봐서 급제하기 어려웠을 거야. 고려의 과거제는 신라의 폐쇄적인 골품제에 비하면 훨씬 발전한 관리 등용 제도였지만, 양인이 현실적으로 과거에 응시하기 힘들었다는 점에서 조선과 달랐어.

❋ 거란

거란은 몽골 계통의 유목민이야. 원래 만주 지역에 흩어져 살았는데 10세기에 야율아보기가 여러 부족을 통합해 요나라를 세웠어. 거란은 발해를 무너뜨린 데 이어 만리장성 이남의 연운 16주를 차지했어. 이후 북중국을 지배하며 송나라를 위협했지. 송나라는 함께 싸우자며 고려에 군대를 요청했지만, 고려는 송나라를 돕지 않았어. 국경을 접한 거란과의 전쟁에 휘말리고 싶지 않았기 때문이야.

그 후 거란이 고려에 쳐들어왔어. 고려 성종 때인 993년의 일이었지. 이때 거란 장수 소손녕과의 대화에서 서희는 거란이 쳐들어온 속내를 알아챘어. 고려가 송나라와 관계를 끊고 거란과 관계 맺기를 바랐던 거야. 서희는 여진이 압록강 일대를 차지하고 있어서 거란과 왕래하기가 어렵다고 이야기했어. 그러고는 고려가 그 지역을 되찾아야 한다고 말했지. 거란은 이를 받아들였고, 다음 해 고려는 압록강 동쪽 지역에서 여진을 몰아내고 6주를 설치했어. 이 6주를 '강의 동쪽에 있다'는 뜻에서 강동 6주라고 해.

거란은 강동 6주를 내주고 나서야 그 지역의 군사적 가치를 깨달았어. 고려는 거란과의 1차 전쟁이 끝난 지 10년 만에 송나라와 외교를 다시 시작했는데, 거란은 이를 비난하며 강동 6주를 돌려 달라고 고려에 요구했어. 고려 목종을 죽이고 현종을 새 왕으로 세운 강조의 정변도 거란이 고려를 침략하는 구실이 되었어. 그 결과 거란과의 2차 전쟁이 일어났지.

고려는 현종이 피란을 떠나고 개경까지 함락되는 위기에 처했어. 거란군은 고려 국왕이 직접 방문해 항복한다는 조건으로 철군했지. 흥화진에서 거란의 침입을 막아 냈던 양규는 이때 다시 한번 고려군을 이끌고 거란군에 큰 타격을 입혔지만, 안타깝게도 전투 중에 전사하고 말았어.

병을 핑계 삼아 현종이 항복하러 가지 않자, 거란은 1018년 다시 쳐들어왔어. 이렇게 시작된 3차 전쟁 때는 강감찬이 귀주 대첩(1019)으로 거란군을 격파했어. 993년에 시작된 고려와 거란의 전쟁은 그렇게 고려의 승리로 끝났어.

고려는 거란과의 전쟁에 30년 가까이 시달렸어. 이 전쟁은 두 나라만이 아니라 송나라와 여진까지 얽힌 동아시아의 영토 분쟁이었어. 고려는 외교로 강동 6주를 얻었고, 전쟁이 유리한 상황에서는 전면전으로 거란을 혼쭐내 주었어. 외교력과 군사력을 적절히 구사해 실리를

거란의 글씨가 새겨진 청동 거울 고려와 거란의 교류를 통해 유입되었을 가능성이 크다. 남겨진 자료가 적어서 뜻을 제대로 해독하기는 어렵다.

챙긴 셈이야.

거란은 강동 6주를 돌려받기 위해 1014년 보주성(압록강 하류의 의주)을 점령하고 고려를 압박했어. 고려는 100여 년 후에야 보주성을 되찾을 수 있었는데, 여기에는 여진과의 관계가 얽혀 있어.

여진 ❈

여진을 부르는 호칭은 시대에 따라 달라져. 수·당 시대에는 '말갈'이라 했고 발해 멸망 후에는 '여진'이라고 불렸어. 이들은 12세기에 금나라를, 17세기에는 후금을 세웠어. 그 뒤 나라 이름을 청으로 바꾸고 자신들을 '만주족'이라 일컬었지. 요컨대 말갈, 여진, 만주족은 같은 민족이야. 이들이 세운 나라가 바로 금, 후금, 청이지.

지금부터 고려와 여진의 전쟁을 살펴보자. 12세기 동아시아에서는 여진이 성장하면서 주변 국가들을 위협했어. 여진의 여러 부족은 완옌부를 중심으로 점차 통합되었는데, 통합을 꺼린 일부 여진은 고려로 귀순했어. 고려 숙종 때인 1104년, 여진 1700여 명이 완옌부 기병에 쫓겨 고려로 들어왔지. 이에 고려군은 완옌부 기병을 격퇴하려 했지만 오히려 참패하고 말았어. 천자의 나라를 자처하던 고려의 위신이 크게 떨어지는 사건이었지.

윤관은 여진의 날렵한 기병을 당해 낼 수 없다며 숙종에게 특별한 군대의 창설을 건의했어. 그 결과 별무반이 조직되었지. 별무반은 크게 기병인 신기군, 보병인 신보군, 승려인 항마군으로 나뉘었어. 그 외에 돌팔매 부대, 강한 활을 쏘는 부대, 대각이라는 악기를 불어 신호를 보내는 부대 등 여러 전문 부대가 있었어. 이들은 일사불란하게 움직이도록 맹훈련을 받았어. 병사 17만 명이 별무반에 속했다는 기록을 보건대, 당시 고려 남자 대부분이 여진 정벌에 동원됐을 거야.

예종 때인 1107년, 별무반을 이끈 윤관은 여진이 살던 동북 지방을 점령하고 9성을 쌓았어. 이를 동북 9성이라고 하는데 그 위치는 정확히 밝혀지지 않았어. 여진은 자신들의 땅을 되찾으려고 줄기차게 공격해 왔어. 동북 9성을 쌓은 지 1년여 만에 고려는 여진에게 그 지역을 돌려주었지. 그렇게 고려의 여진 정벌은 실패로 끝났어.

여진은 1115년에 이르러 금나라를 세웠어. 2년 후 금나라는 고려에 형제 관계를 요구했고, 나중에는 사대 관계까지 요구했어. 고려는 금나라의 이런 요구를 받아들였어. 훗날 명분을 중시하는 사람들은 고려의 이러한 대처를 비판했지만, 고려는 금나라가 강대국이 된 현실을 받아들이고 사대 관계를 맺은 거야.

고려가 금나라와의 관계에서 실리를 챙겼음은 여러 면에서 드러나. 예를 들어 거란이 한창 금나라의 공격에 시달리던 때, 고려는 금나라에 사신을 보내 당시 거란의 보주성(의주)이 원래 고려 땅임을 알렸어. 금나라는 거란을 견제하기 위해 고려에 보주성을 넘겨주기로 했지. 이 덕분에 고려는 거란에 빼앗겼던 보주성을 되찾을 수 있었어. 금나라의 공격에 거란이 멸망하고 송나라가 남쪽으로 쫓겨 내려가던 와중에도 고려만은 무사했지.

척경입비도 윤관을 비롯한 고려군이 동북 9성을 쌓고 고려의 북쪽 국경을 표시하는 비를 세우는 장면이 묘사되어 있다.

문벌

　'문벌'이라 하면 뼈대 있는 가문의 느낌이 들지? 한국사에서 문벌은 고려 때인 11세기에 등장한 최상위의 지배층을 가리켜. 한자를 보면, 가문을 뜻하는 '문門'에 학벌, 재벌, 파벌 등에 쓰이는 '벌閥'이 붙어 있어.

　고려 8대 왕 현종이 거란의 침입을 격퇴하고, 사회가 안정되면서 관료 가운데 여러 대에 걸쳐 최상층을 차지하는 사람들이 생겨났어. 이들이 바로 문벌이야. 문벌이 속한 가문은 재상을 대대로 배출하거나 왕실 또는 다른 문벌하고만 혼인했어. 문벌은 자기 가문에 대한 자부심이 컸고, 사람들은 문벌을 우러러봤지.

　고려에서는 문벌 출신이 아니더라도 얼마든지 재상에 임명될 수 있었고, 학문이 뛰어난 사람이 문벌 출신에게 저항할 수도 있었어. 이 점에서 골품제에 묶여 있던 신라와 달랐지. 문벌인지 아닌지에 따라 정치적 입장이 갈리지도 않았고, 문벌 출신들이 뭉쳐 왕과 대립하지도 않았어.

　하지만 고인 물은 썩기 마련이고, 이 점은 문벌도 마찬가지였어. 고려의 대표적인 문벌 귀족인 경원(인주, 오늘날의 인천) 이씨 가문의 이자겸 이야기야. 이자겸의 할아버지인 이자연은 세 딸을 모두 11대 왕인 문종의 왕비로 들여보냈어. 이후 경원 이씨 가문은 17대 왕인 인종에 이르기까지 7대에 걸쳐 왕실과 혼인 관계를 맺었어.

이자겸은 둘째 딸을 예종에게 시집보냈는데 그 딸이 아들(인종)을 낳으면서 절호의 기회를 만났어. 그는 열네 살밖에 안 된 외손자를 왕으로 추대했고, 왕실과 더 가까워지기 위해 셋째 딸과 넷째 딸까

지 인종의 왕비로 들여보냈어. 외척으로서의 권력을 더욱 강하게 굳히기 위해서였지.

국왕의 외할아버지이자 장인이 된 이자겸은 자신이 임금이라도 된 듯 우쭐했고, 집에 갖은 뇌물이 쌓여 갔어. 가까운 사람들을 중요한 자리에 앉혔을 뿐만 아니라, 자기 마음대로 벼슬도 팔아치웠지. 반대 세력은 역모의 누명을 씌워 없애 버리기도 했어. 이자겸의 기세가 어찌나 흉흉한지 당시 고려에는 '십팔자위왕十八子爲王'이라는 유언비어까지 나돌았어. '십팔자十八子'를 합치면 '이李' 자가 되지. 즉, 이씨가 왕이 될 거라는 예언이었어.

더 이상 두고 볼 수 없었던 인종은 군사를 보내 이자겸의 측근인 척준경의 동생과 아들을 죽였어. 그러자 이자겸과 척준경이 반격에 나서 궁궐을 불태웠지. 이 사건이 1126년에 일어난 이자겸의 난이야.

진천 송인 묘소 이자겸의 난 때 인종을 호위하다 살해된 송인의 묘소이다. 4각형으로 쌓은 무덤이 인상적인데, 이는 고려의 독특한 양식이다.

궁지에 몰린 인종은 왕위를 내주겠다고 했지만, 이자겸은 주변의 반발을 의식하지 않을 수 없었어. 결국 왕위를 넘겨주겠다는 조서를 인종에게 돌려준 대신 나랏일을 모두 자신이 관리하고, 인종과 함께 신하들의 절을 받는 등 왕과 같은 권세를 누렸지. 그러면서 뒤에서는 인종을 독살하려는 계략을 꾸몄어.

인종은 이자겸의 딸이기도 했던 두 번째 왕후의 도움 덕에 이자겸의 독살 시도를 무사히 넘길 수 있었어. 이후 이자겸과 척춘경의 사이가 벌어진 틈을 놓치지 않았고 척준경을 자기편으로 끌어들였지. 인종의 명령에 따라 척준경은 군사를 이끌고 궁궐로 쳐들어가려던 이자겸을 막아 냈고, 난에 실패한 이자겸은 영광으로 귀양을 떠났어. 가족들은 물론 심복과 노비들까지 각각 먼 곳으로 유배되었지. 이자겸의 딸이었던 두 왕비도 폐위되었어. 이자겸을 몰아낸 공으로 한동안 권력을 휘두르던 척준경까지 다음 해 탄핵당해 귀양을 떠나며 이자겸의 난은 일단락되었어.

묘청의 서경 천도 운동

이자겸의 난을 수습한 지 10년도 안 되어 인종은 또다시 큰 사건에 휘말렸어. 정지상을 비롯한 서경 출신 관료들이 금나라 사대에 반발하며, 서경 천도와 금나라 정벌을 주장한 거야. 이들은 풍수지리설에 따라 서경으로 수도를 옮기면 국운을 회복할 수 있다고 주장했어. 서경 출신의 승려 묘청이 인종을 설득했지. 이들은 서경의 임원역에 대화궁이라는 궁궐까지 지었지만, 김부식을 비롯한 개경 출신 관료들의 반대에 부딪혔어. 그러자 서경 출신 관료들은 '대위'라는 국가를 세우고 '천개'라는 연호까지 만들었어. 이를 묘청의 서경 천도 운동(1135)이라고 해. 이 사건이 진압된 후 김부식 등 개경의 문벌 세력이 다시 권력을 잡았어. 금나라 정벌을 내세운 이 사건은 고려 지배층의 분열, 중앙과 지역 간의 갈등을 보여 줘.

무신 정변

무신 정변은 1170년 무신들이 문신들을 죽이고 권력을 잡은 사건이야. 거사가 일어나던 날, 의종은 개경 근처 보현원이라는 절에 행차했어. 술을 마시며 즐기던 의종은 친위 군사들에게 수박희(맨손으로 겨루는 놀이)를 시켰는데, 대장군 이소응이 새파랗게 젊은 군졸에게 지고 말았어. 이 모습을 지켜보던 문신 한뢰는 이소응에게 다가가 뺨을 때렸어. 대장군이 한참 아래인 문신에게 모욕을 당하니, 무신들로서는 참을 수 없는 일이었지. 이에 정중부를 비롯한 무신들은 정변을 일으켰어.

무신 정변에 가담한 정중부도 대장군 이소응 못지않은 모욕을 문신에게 당한 적이 있었어. 어느 날 젊은 문신 김돈중의 장난으로 정중부의 멋들어진 수염이 촛불에 타 버렸어. 정중부는 노발대발하며 김돈중을 때렸는데, 이야기를 전해 들은 김돈중의 아버지 김부식은 오히려 정중부를 나무랐어. 이 일이 가슴에 사무쳤던 정중부는 무신 정변 때 감악산에 꼭꼭 숨은 김돈중을 기어이 찾아 죽였다고 해.

무신 정변의 1차 원인은 문신과 무신 간의 갈등이었어. 무신은 2품 이상의 재상이 될 수 없었던 반면, 문신은 병부의 판사 자리는 물론이고 군대의 최고 지휘관까지 차지했거든. 거란을 물리친 서희와 강감찬, 여진을 몰아내고 동북 9성을 쌓았던 윤관도 모두 문신이었지.

고려 전기만 해도 문신과 무신의 차별은 당연시되었어. 그런데 왜 의종 때 무신들이 정변을 일으켰을까? 무신 정변은 이자겸의 난부터 본격화된 지배층 분열의 연장선에서 일어났어. 무신들은 거란과의 전쟁 등은 물론, 이자겸의 난을 비롯한 국내 반란의 진압 과정에서도 활약했어. 그럼에도 불구하고 여진 정벌 후 무신을 깔보는 풍조가 나타나기 시작했고, 의종 때 이런 분위기가 노골적으로 드러났지.

의종의 측근 정치도 무신 정변이 일어나는 데 한몫했어. 인종 때 일어난 이자겸의 난, 묘청의 서경 천도 운동으로 고려의 왕권은 크게 약화된 상태였어. 이에 의종은 왕권을 강화하고자 측근 세력을 기르고, 그들과 함께 사치스러운 연회나 나들이를 즐기곤 했어. 당연히 호위를 맡은 무신들의 불만은 갈수록 커져 갔어. 군인들도 토지(군인전)를 원칙대로 받지 못한 데다, 정자나 별궁을 짓는 등의 잡다한 일에 동원되어 불평이 이만저만이 아니었지. 무신 정변은 이들이 뜻을 모았기에 일어난 사건이었어.

정변을 일으킨 무신들은 의종을 귀양 보낸 후 명종을 왕으로 세웠어. 그 후 1270년까지, 100년 동안이나 무신 정권이 이어졌지. 무신 정권 초기에는 권력 다툼으로 인해 최고 권력자가 자주 바뀌었으나 최충헌의 집권 이후 4대 60여 년간이나 최씨 무신 정권이 이어졌어. 최씨 정권의 몰락 이후 무신 정권도 차츰 무너졌지.

무신 정변 이후 무신들은 문·무반 관직을 함께 맡으며 국정 운영에 참여했어. 또한 사병을 두어 자신의 신변과 권력을 지켰고 중방, 교정도감 등 지배 기구를 통해 정치적 영향력을 확대했어.

이자겸의 난 이후 지배층의 횡포와 지나친 세금 거두기 등으로 고려 하층민의 불만은 커져만 갔어. 무신 정변 이후 이런 상황이 더욱 심해지자 하층민들은 곳곳에서 들고일어났지. 이 시기는 신라 말, 그리고 조선 말의 세도 정치기와 함께 민란이 가장 많이 일어난 시기야. 천한 신분에도 권력을 잡은 이의민 같은 무신이 나타나면서 사람들은 신분제의 부당함에도 눈떴어. 최충헌의 노비였던 만적은 "장수와 재상이 어찌 씨가 따로 있으랴" 말하며 노비들을 모아 난을 일으키려다가 들켜 목숨을 잃었지.

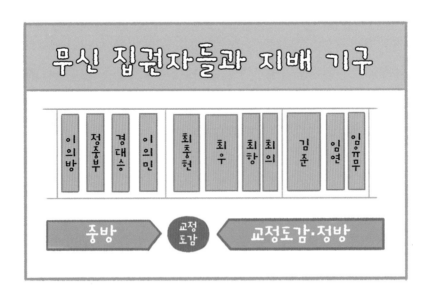

향·부곡·소

향·부곡·소는 고려의 특수 행정 구역이야. 향과 부곡은 신라 때부터 있었어. 현으로 삼기에는 땅도 작고 인구도 적은 지역을 향과 부곡으로 설정했지. 소는 금은을 비롯한 광물, 종이·먹·도자기 등 수공업 제품, 모시·소금·생선 등 농수산물을 전문적으로 생산하는 곳이었어.

향·부곡·소에 사는 사람들은 일반 군현에 사는 농민처럼 조세·군역(군 복무)·요역(국가에서 시키던 노동)의 의무도 지면서 추가로 일해야 했어. 향·부곡 사람들은 주로 관청의 공해전, 군량미를 생산하는 둔전 등 국가에 속한 특정 토지를 경작할 의무가 있었거든. 소에 사는 사람들은 특수한 물품을 생산했어. 예를 들어 자기는 자기소에서, 고급 찻잎은 다소에서 생산되었지. 물고기 같은 해산물은 어량소에서 잡아서 국가에 바쳤어.

국가에서 필요한 물품을 제때에, 양을 맞춰 생산하는 일은 엄청난 고역이었을 거야. 향·부곡·소 사람들은 이렇게 국가에 꼭 필요한 일을 하면서도 농민보다 낮은 처지였지. 그렇다고 이 사람들이 천인이었던 것은 아니야. 고려의 신분제는 크게 양인과 천인으로 나뉘어. 이런 신분제를 '양천제'라고 해. 천인은 노비로 대표되는 사람들로, 국가에 져야 할 의무가 없었어. 향·부곡·소의 주민들은 농민의 의무 외에 별도의 의무까지 지는 사람들이었지.

향·부곡·소는 주민 중 누군가 국가에 공을 세운다거나 하는 특별한 경우 일반 군현으로 올라가기도 했어. 반역자 또는 국가에 해를 끼친 사람이 나오는 경우에 일반 군현이 향·부곡·소로 내려가기도 했지.

무신 집권기였던 12세기에는 망이·망소이가 공주 명학소에서 봉기를 일으켰어. 명학소는 숯 생산지 또는 철 생산지였을 것으로 짐작돼. 망이·망소이의 난은 공주를 점령할 정도로 큰 세력을 떨치며 1년 반이나 지속되었어. 아마 명학소 주민뿐 아니라 근처 농민들도 봉기에 합세했을 거야. 고려 정부는 명학소를 충순현으로 올려 주는 한편 토벌 작전을 계속 벌여 나갔어. 망이·망소이의 난은 비록 실패했지만 '소'에서 일어났다는 점에서 의의가 커. 이러한 저항이 계속되자 고려 말부터 향·부곡·소는 점점 사라졌어.

고려 시대의 백성과 백정, 그리고 잡척

고려 시대 백성의 의미는 조선 시대나 오늘날과 달랐어. 향리를 비롯한 하급 지배층을 일컬어 백성이라 했거든. 고려 시대에는 특정한 직역(일)이 없다는 뜻에서 일반 양인을 백정白丁이라고 불렀어. 백정보다 지위가 낮은 향·부곡·소 사람들은 '잡척'이라 불렸지. 조선 시대에 백성이란 말이 평민을 가리키게 되면서 천민이 백정이라 불리게 되었어.

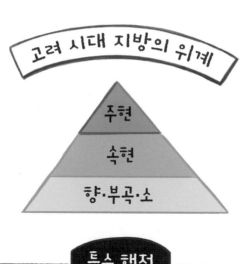

고려 시대 지방의 위계

주현

속현

향·부곡·소

특수 행정 지역

향·부곡

소

농민의 의무

특정 토지 경작의 의무

조세의 의무

요역의 의무

미역

먹

자기

광물

국가

몽골

고려는 10세기 말부터 11세기까지 거란에 시달렸어. 12세기 여진에 이어 13세기에는 몽골의 침략에 부딪혔지. 13세기 몽골은 거침없이 주변 국가들을 정복하는 중이었어. 거란족도 몽골에 쫓겨 평양 근처 강동성에 들어왔어. 고려는 몽골군과 공동 작전을 펴서 거란족을 진압하고, 몽골과 형제 관계를 맺었지.

몽골은 엄청난 공물을 요구하며 갈수록 고려를 압박했어. 그러던 중 고려에 다녀가던 몽골 사신이 누군가에게 살해당했어. 몽골은 이 사건을 구실로 1231년 고려에 쳐들어왔어. 당시 정권을 잡고 있던 최우는 몽골이 해전에 약하다는 점을 노려 강화도로 도읍을 옮겼지.

지배층이 강화도로 피신한 사이, 고려의 내륙은 몽골군의 침략으로 막대한 피해를 입었어. 그 와중에도 목숨을 건 항전이 이어졌어. 지배층에 저항해 들고일어났던 농민군도 몽골과의 전투에 참가했어. 귀족들이 피신한 후 관청에 남아 있던 공노비들과 하급 관리들이 몽골군을 물리치기도 했지.

박서가 이끈 귀주성 전투에서는 김경손과 12명의 결사대가 활약했어. 처인성 전투에서는 승려 김윤후가 쏜 화살에 대장 살리타가 죽어 몽골군이 철수하기도 했지. 상주 백화산에서 승려 홍지가 캄캄한 밤 몽골군을 유인해 얼어붙은 폭포 아래로 밀어 버린 일도 있었어.

귀주성의 남문 조선 시대에 중건된 후 한국 전쟁 때 파괴되었다. 현재 남아 있는 문은 1979년에 복원한 것이다.

목숨을 건 격렬한 저항에도 전쟁은 좀처럼 끝날 기미가 보이지 않았어. 몽골군이 배까지 만들어 섬들을 공격하기 시작하자, 고려 정부에서는 몽골과 강화하자는 주장이 본격적으로 나왔어. 전쟁을 계속해야 한다고 주장하던 최씨 정권도 약해져 더 이상 힘을 못 쓰던 때였지. 결국 최씨 정권이 무너진 후 고려와 몽골의 강화가 이루어졌고, 고려 정부는 1270년 개경으로 돌아왔어.

삼별초는
무엇을 위해 싸웠을까?

삼별초는 최우가 밤도둑을 단속하려고 만든 야별초에서 비롯되었어. 차츰 역할이 늘어나고 군사가 많아지면서 좌별초와 우별초로 나뉘었고, 몽골군에 잡혀갔다가 돌아온 사람들로 신의군을 만들면서 '특별한 세 군대', 즉 삼별초가 되었어.

삼별초는 개경으로 돌아간 고려 정부에 반기를 들고 왕족인 승화후 왕온을 왕으로 추대한 다음 진도 용장성에 궁궐을 짓고 여·몽 연합군에 맞서 싸웠어. 제주도로 옮겨 가서도 싸웠지만 결국 진압되었지.

삼별초의 항쟁은 외세에 맞선 고려 사람들의 확고한 의지를 보여 줘. 하지만 삼별초는 무신 정권 몰락 후 자신들의 지위가 불안해져서 항쟁한 측면도 있어. 이 때문에 삼별초의 항쟁은 군인들이 일으킨 정치적 반란의 성격도 가지고 있어.

원 간섭기 ✳

고려는 몽골과 강화한 1259년부터 공민왕의 반원 개혁이 마무리 되는 1356년까지, 거의 100년간 몽골이 세운 원나라의 간섭을 받 았어. 이 시기를 '원 간섭기'라고 해. '간섭'이라는 용어에는 고려가 '자주국'으로서 원나라의 직접 지배를 받지는 않았다는 의미가 담 겨 있어.

원나라는 정복한 지역에 지방 통치 기관인 '행성'을 두어 직접 지 배했지만, 고려에 설치한 정동행성은 성격이 달랐어. 정동행성은 원 나라가 동쪽, 즉 일본을 정벌하려고 설치했다가 남겨 둔 기관이야. 고려 국왕은 정동행성의 우두머리에 해당하는 좌승상에 임명되었 고, 정동행성의 업무를 보는 관청 건물이 따로 있었어. 그렇다고 정 동행성이 고려의 내정을 감독하지는 않았어. 정동행성은 주로 고려 와 원나라 사이의 연락을 담당하면서 사신을 맞이하거나 파견하는 등 의례상의 업무를 맡아보았지.

당시 원나라는 유라시아에 걸친 대제국이었어. 원 제국 내에서 독 립국을 유지하고, 더구나 부마국(사위의 나라)까지 된 경우는 고려밖 에 없었어. 고려와 원나라의 독특한 관계는 어떻게 형성되었을까?

1259년 고려 원종은 태자로서 몽골과 강화하러 떠났어. 이때 훗날 원 세조가 되는 쿠빌라이를 만났지. 쿠빌라이는 '당 태종도 정복하지 못한 나라에서 태자가 왔다'며 반겼다고 해. 쿠빌라이는 고려의 제도와 풍속을 존중하겠다고 약속했는데, 이 약속은 이후 원나라의 지나친 간섭 없이 고려가 왕조를 유지할 수 있는 근거가 되었지. 약 30년간이나 계속된 고려의 항쟁도 이런 약속을 끌어내는 데 한몫했어.

무신 권력자 임연의 반란으로 쫓겨났다가 몽골군의 도움으로 왕위를 되찾은 원종은 원나라에 기대서라도 왕권을 강화하려 했지. 원나라도 고려 왕실과 가깝게 지내는 편이 유리했어. 고려 공격을 일단락한 다음 남송과 일본을 정벌하려 했는데, 삼별초의 항쟁이 그 계획을 위협했거든. 쿠빌라이는 고려 왕실과 협력해 삼별초를 진압하려 했지.

서로의 이득을 고려한 상황에서 고려와 원나라 왕실의 혼인이 성사되었어. 1274년, 훗날 충렬왕으로 즉위하는 고려 태자 왕심과 원나라 제국 대장 공주의 결혼이 그 시작이었지. 이후 고려의 왕들은 줄줄이 원 황실의 부마가 되었어. 충선왕, 충숙왕, 충혜왕, 공민왕 모두 원나라 공주와 결혼했지.

부마국이 된 고려는 왕실 용어와 관제의 격을 원나라보다 낮춰야 했어. 전에는 왕의 묘호에 '조'나 '종'을 붙였는데, 원 간섭기에는 원나라에 충성하겠다는 의미로 '충'을 앞에 붙이고 '왕'이라 칭했어. 또 황제의 나라에서 쓰는 용어를 사용할 수 없게 되었어. 폐하를 전하로, 태자를 세자로 낮춰 불러야 했고, 왕은 자신을 '짐'이 아닌 '고'로 낮춰서 가리켜야 했지. 중서문하성과 상서성을 합쳐 첨의부로 하고,

6부를 4사로 하는 등 중앙 관제의 격도 낮아졌어.

부마국으로서 고려는 원나라와 가까운 관계 속에서 성리학을 비롯한 문화를 받아들였어. 활발한 교류 속에 변발을 비롯한 '몽골풍'이 고려에 나타나는 한편, 고려 풍습인 '고려양'이 원 황실에 퍼졌지.

원래 고려는 황제국의 위상을 국내에서 지키면서도, 대외적으로는 실리를 추구하면서 사대 외교 방식을 취해 송·요·금과 조공·책봉 관계를 맺었어. 이런 조공·책봉 관계가 형식적이었던 반면, 원나라는 고려 왕의 즉위와 퇴위에까지 실질적으로 영향력을 행사했어.

원 간섭기에는 당연히 부정적인 면도 있었어. 이 시기 고려는 사냥용 매, 금은, 인삼 등 특산물을 원나라에 바쳐야 했거든. 고려 여인들도 '공녀'라는 명목으로 원나라로 끌려갔고 말이야.

공민왕 ❁

　고려 국왕 이름 맨 앞에 붙던 '충忠' 자는 충정왕을 끝으로 사라
졌어. 그다음으로 즉위한 공민왕은 개혁을 추진하다가 시해되었지.
공민왕이라는 이름은 우왕의 요청으로 명나라가 붙여 준 시호야.
이 이름만으로 원 간섭기가 끝났으며 명과의 사대 관계가 시작되었
음을 알 수 있어.

　고려 말에는 권문세족의 횡포로 인한 여러 폐단이 나타나고 있었
어. 권문세족은 권세 있는 가문을 뜻해. 몽골과의 전쟁과 원 간섭
기를 거치는 동안에는 원나라에 빌붙은 사람, 즉 친원 세력이 권문
세족이 되었지. 이들은 권력을 독점했을 뿐 아니라 백성에게서 불법
으로 토지를 빼앗기도 했어. 고려 국왕들은 이런 폐단을 없애려고
몇 차례 개혁을 시도했지만, 원나라의 간섭이 이어지는 한 어떤 개
혁도 실현될 수 없었어.

　공민왕의 즉위 무렵에는 기황후의 오빠들을 비롯한 친원 세력의
횡포가 극에 달해 있었어. 기황후는 원나라에 공녀로 갔다가 원 순
제의 황후가 된 사람이야. 기황후의 오빠들은 든든한 누이동생을
믿고 못된 짓을 일삼았어. 충혜왕 때 기철은 고려를 원나라에 편입

111

시켜 달라고 요청하기까지 했지.

원 간섭기에는 고려 왕자가 원나라에서 성장한 뒤 원나라 공주와 결혼하고 고려 국왕으로 즉위하는 것이 관행이었어. 충숙왕의 둘째 아들인 공민왕도 열두 살 때 원나라로 건너가야 했지. 그는 원나라 노국 대장 공주와 결혼하고 고려 국왕이 되어 돌아왔어.

공민왕이 즉위한 14세기 중반은 마침 원나라가 약해지던 때였어. 공민왕은 몽골식 변발을 풀어 버렸을 뿐만 아니라 원나라 옷도 벗어 던졌어. 아주 적극적으로 반원 정책을 추진했지. 친원 세력을 처단했을 뿐만 아니라 원 간섭기에 격을 낮췄던 관제도 되돌려 놓았어. 원나라가 설치한 쌍성총관부를 공격해 함경도와 강원도 일대의 영토도 되찾았지.

노국 대장 공주는 원나라 공주였지만, 남편인 공민왕의 정책을 지지했어. 공민왕은 이런 노국 대장 공주를 끔찍이 사랑했다고 해. 남편과의 아이를 간절히 원하던 노국 대장 공주는 오랜 노력 끝에 임신에 성공했어. 공민왕은 크게 기뻐하며 출산 중인 부인의 곁을 지켰지만, 아이와 산모 모두 안타깝게도 끝내 목숨을 잃고 말았지.

노국 대장 공주의 죽음으로 인해

공민왕과 노국 대장 공주의 초상 노국 대장 공주가 아이를 낳다 목숨을 잃자 깊은 슬픔에 빠진 공민왕은 9년이나 왕비의 무덤을 만들었고, 죽은 뒤 아내의 곁에 묻혔다. 현재 두 사람의 무덤은 개성에 위치해 있으며, 북한의 국보이다.

깊은 슬픔에 빠졌지만, 공민왕은 승려였던 신돈을 등용해 개혁을 밀어붙였어. 신돈이 설치한 전민변정도감은 토지와 백성을 분별해 정리하는 임시 관아였어. 이곳에서 조사해 권문세족이 불법으로 빼앗은 토지는 원래 주인에게 돌려주고, 농장의 노비는 양인으로 풀어 주었어. 사실 전민변정 사업은 원 간섭기에도 여러 번 시도되었지만 번번이 실패하다가 공민왕 때 이르러서야 과감히 추진되었어.

개혁을 지휘하던 신돈은 권력에 취해 기고만장해졌어. 결국 반역을 꾀한다는 밀고로 유배되었다가 처형되었지. 이후 시름에 빠져 지내던 공민왕마저 시해되면서 개혁은 완전히 중단되었고, 고려는 멸망으로 치달았어.

위화도 회군 후 개혁에 나선 이성계 일파는 우왕을 폐하고 그의 아들 창왕을 즉위시켰다가, 창왕마저 폐했어. 이성계 일파는 우왕, 창왕이 신돈의 핏줄이라고 주장하며 공양왕을 즉위시켰고, 몇 년 지나지 않아 조선을 세웠어.

홍건적·왜구

원나라 말기에 중국 허베이성 일대에서 한족이 들고일어났어. 이들은 머리에 붉은 두건을 두르고 있어서 홍건적이라 불렸지. 북중국과 요동에서 위세를 떨치던 홍건적의 침입으로 고려는 개경이 함락되고 공민왕이 안동까지 피란하는 등 위기에 처했어.

일본의 해적들도 한반도와 중국 연해를 습격했는데, 이들을 왜구라고 해. 이 무렵 일본은 두 명의 천황이 나누어 다스리는 남북조 시대였어. 왜구는 쓰시마 도주를 비롯한 지방 세력가의 지휘 아래 많은 경우 1만 명이나 쳐들어왔어. 이들은 주로 쌀을 약탈하면서 사람들을 죽이거나 잡아갔어.

홍건적과 왜구를 물리치는 데는 최영, 이성계 등의 활약이 두드러졌어. 고려 말 새롭게 떠오른 이 무인들을 신흥 무인 세력이라고 불러. 이들 중 이성계는 성리학을 기반으로 관직에 진출한 신진 사대부와 함께 조선을 건국했어.

제 4 장

조선의 성립과 발전

고려 말에는 나라 안팎이 어지러웠어.
과연 어떤 사람들이 이러한 혼란을 수습하고,
새로운 나라 조선을 세웠을까?
이후 조선은 어떻게 발전해 갔을까?

✽ 위화도 회군

1388년, 요동 정벌을 떠났던 이성계는 '위화도'라는 섬에서 군대를 고려 방향으로 돌렸어. 왜 그랬을까?

고려의 요동 정벌은 철령 이북 땅을 요구하던 명나라 때문에 감행되었어. 철령은 태백산맥의 시작 지점에 있는 고개로, 우리 군대가 북쪽 대륙으로 올라갈 때나 북방의 오랑캐들이 쳐들어올 때 지나곤 했지. 원나라는 철령 이북을 점령하고, 그곳에 쌍성총관부를 설치했었어. 하지만 공민왕 때 되찾았는데, 명나라가 "철령 이북은 원래 원나라 땅이었으니 요동에 포함시켜 지배하겠노라"는 황제의 뜻을 알린 거야. 고려는 영토를 잃느냐, 아니면 명나라와 전쟁을 벌이느냐의 갈림길에 섰지.

당시 명나라는 원나라를 물리치고 중국을 통일할 만큼 군사력이 막강했어. 그럼에도 우왕과 최영은 전쟁을 불사하려 했지. 이때 이성계는 4불가론을 내세우며 전쟁에 반대했어. 4불가론의 주장은 다음과 같아. 첫째 작은 나라가 큰 나라에 반역할 수 없으며, 둘째 여름에 전쟁을 벌이는 일은 무모하고, 셋째 요동을 정벌하러 간 사이에 왜구가 쳐들어올 가능성이 있으며, 넷째 무더운 장마철이라 활

116

에 입힌 아교가 녹아 버리고 군사들 사이에 전염병이 돌 수 있다는 거야. 그럼에도 우왕과 최영의 의지가 확고해 요동 정벌군은 평양을 출발할 수밖에 없었어.

우왕은 요동 전벌을 원했지만, 최영이 자신의 곁을 떠나는 것은 원치 않았어. 이에 최영은 최고 사령관임에도 우왕 곁에 남고, 조민수와 이성계가 군대를 이끌도록 했지. 이 선택으로 인해 자신의 운명이 어떻게 달라질지 모르고 말이야.

원치 않는 전쟁 길에 나선 이성계는 위화도에 도착한 뒤 여러 번 회군 명령을 내려 달라고 요구했어. 장마 때문에 압록강이 불어났

최영 장군 묘비 최영 장군은 "평생 탐욕이 있었다면 무덤에 풀이 자랄 테지만, 결백하다면 풀이 자라지 않을 것이다"라는 유언을 남겼다. 유언대로 최영 장군의 무덤에는 정말 풀이 자라지 않았다고 전한다.

고 군량도 떨어져 더 이상 진군할 수 없다는 이유였어. 참고로 위화도는 압록강 하류에 있는 섬으로, 대개 요동으로 나아가기 전에 군대를 정비하려고 머물던 곳이야.

이 요구가 받아들여지지 않자 이성계는 회군을 단행했어. 개경에 돌아오자마자 우왕과 최영을 몰아내고 권력을 잡았지. 이성계와 그 일파는 우왕에 이어 창왕까지 폐위시켰어. 1392년에는 고려의 마지

막 국왕인 공양왕까지 몰아내고 조선 왕조를 세웠지. 그렇게 이성계는 조선 왕조의 첫 번째 국왕으로 즉위했어. 위화도 회군이 고려 멸망과 조선 건국의 불씨가 된 셈이야.

위화도 회군은 과연 불가피한 선택이었을까? 요동 정벌군은 위화도에 주둔하기까지 여러 날을 허비한 반면, 회군 결정 후에는 몇 배는 빨리 돌아왔다고 해. 이런 정황으로 볼 때 아마 이성계는 회군하려고 시간을 끌었을지도 몰라. 그렇지만 위화도 회군을 전하는 기록은 대부분 조선 초기에 쓰였기 때문에 조선 건국을 정당화하고 이성계를 위대하게 평가하고 있어.

조선의 외교 원칙, 사대교린

'사대교린事大交隣'은 《맹자》에 나오는 말이야. 어느 날 제나라 선왕이 '교린交隣의 도道', 즉 이웃 나라와 어떻게 사귀어야 하는지 맹자에게 물었다. 이에 맹자는 "어진 사람만이 큰 나라를 가지고 작은 나라를 섬길[사소事小] 수 있으며, 지혜로운 사람만이 작은 나라를 가지고 큰 나라를 섬길[사대事大] 수 있다"고 답했어. 큰 나라와 작은 나라가 서로 예禮를 지키며 사귀어야 한다는 뜻이야. 원뜻에서 알 수 있듯이 사대는 지혜로운 외교 방식이야. 큰 나라를 무조건 떠받드는, 경직된 사대주의와는 엄연히 구별되는 말이지. 조선은 중국에 사대하고 일본, 여진 등에는 교린 정책을 펼쳤지. 교린 정책은 쳐들어오는 왜구나 여진족의 노략질을 토벌하는 한편, 교역을 허락하고 귀순자를 받아들이는 등 회유책을 쓰는 거야.

과전법 ✤

위화도 회군 후 이성계와 신진 사대부는 과전법을 실시했어. 과전법은 전·현직 관리를 18과로 나누어 경기 지역 토지의 수조권收租權을 나누어 준 제도야. 여기서 수조권이란 조세, 즉 세금을 거둘 권리를 말해. 소유권을 가진 것이 아니므로 그 땅의 주인이 될 수는 없었지만, 수조권을 받은 관리는 그 토지에서 수확한 곡물의 10분의 1을 조세로 거두어 갔어.

관료에게 수조권을 주는 제도는 신라에도 있었어. 신라 귀족들은 지역 농민에게 조세뿐 아니라 노동력까지 징발할 수 있는 '녹읍'을 가지고 있었지. 삼국 통일 후인 신라 신문왕 때 왕권 강화 목적으로 녹읍을 폐지했어. 신문왕은 관료들에게 '관료전'을 주어 조세만 거두게 했지.

고려에도 일반 관료뿐 아니라 국가의 역(공적 업무)을 담당하는 군인, 향리 등과 여러 관청에 수조권을 주는 '전시과'가 있었어. 전시과는 '전지(농사짓는 땅)'와 '시지(땔나무를 얻을 땅)'를 준다는 뜻으로 붙인 이름이야.

경기 지역 토지로 한정된 과전법과 달리 전시과의 범위는 전국이었어. 또 전시과에서는 수조권이 있는 관리가 매년 해당 토지에 가서 농사가 얼마나 되었는지 보고 조세액을 정했어. 이 과정에서 수확량을 부풀리곤 했지. 먼 길을 오가며 쓴 비용을 요구하는 등의 불법 행위도 일삼았고 말이야.

고려 말에는 국가 기강이 흐트러지면서 남의 땅을 불법으로 빼앗는 일도 늘어났어. 권세가들은 산이나 하천을 경계로 할 정도로 넓은 토지를 차지했고, 하나의 토지에 수조권을 가진 사람이 여럿인 경우도 많이 볼 수 있었지. 그러니 토지 개혁을 안 할 수 없었어.

이성계 일파는 공양왕을 즉위시킨 다음 기존의 토지 대장을 모조리 불태우고 과전법을 실시했어. 과전법으로 권문세족의 토지는 몰수되었고, 신진 사대부는 경제적 기반을 확보할 수 있었지. 물론 과전법에도 문제는 있었어. 원칙적으로 과전은 관리가 사망하거나 관직에서 물러나면 국가에 반납되어야 했지만, 물려줄 수 있는 예외가 있었거든. 관리가 죽은 후에는 그의 부인이 재혼하지 않고도 생계를 이어 갈 수 있도록 과전을 물려주었어. 이런 땅을 '수신전'이라고 불렀지. 어버이를 잃은 어린 자녀에게도 과전을 물려주었는데, 이런 땅은 '휼양전'이라고 했어. 그 결과 관리들에게 나눠 줄 과전이 부족해졌지.

결국 현직 관료에게만 수조권을 주는 '직전법'이 시행되었고, 그 뒤에는 국가에서 조세를 거둬 관리에게 주는 '관수관급제'가 시행되었어. 토지의 수조권은 이런 과정을 거치며 점차 사라져 갔어.

조선 시대 성인 남자들의
공적 의무, 국역

조선 시대 사람들의 신분은 크게 양인과 천인으로 나뉘었어. 양인은 다시 양반, 중인, 상민으로 나뉘었고, 천인은 대부분 노비였지. 16세 이상 양인 남자는 국가에 대해 공적 의무를 지는데 이를 일컬어 '국역'이라 했어. 16세는 조선 시대에 성인으로 간주되기 시작하는 나이였어. 이후 60세가 되면 국역에서 벗어나는 게 원칙이었지.

요역과 군역은 대표적인 국역이야. 요역은 호戶에서 징발하는 노동력으로, 국가에서 산성 쌓기 등 공사를 벌일 때 불러다가 시키는 일이었어. 군역은 군 복무를 하거나 군포를 내야 하는 의무였어.

대부분의 양인 남자가 군역을 져야 했지만, 기술자들은 군역의 의무를 지는 대신 전문 기술을 국가에 제공했어. 양반층도 군역을 면제받았어. 장차 관직에 나아가 수행할 공무가 국역으로 간주되었기 때문이야. 향교나 서원에 소속된 학생도 이후 관리가 될 사람이므로 군역을 면제받았어.

조선 시대의 신분증, 호패

호패는 조선 시대에 16세 이상 남자들이 몸에 지니고 다니던 신분증이야. '호
號'는 '이름, 부르다' 등의 뜻이 있어. '패牌'는 문패나 명패처럼 글씨를 새기거나 그
림을 그려 넣은 작은 조각을 가리켜. 호패는 신분에 따라 상아나 뿔 또는 나무로
만들어졌고 이름, 출생 연도 등 개인 정보가 적혀 있었지.

호패는 조선 태종 때부터 발급되었어. 이 제도를 통해 국가에서 16세 이상 남
자를 정확히 파악하고 통제했음을 알 수 있어. 16세 이상 남자는 군역과 요역의
의무가 있었기 때문에 국가에서 정확히 파악하고, 다른 지역으로 도망가지 못하
게 했던 거야. 임진왜란에 이어 정묘호란까지 터지자 조선 정부는 호패 제도를
엄히 시행해 군사력을 강화하고, 군포를 거둬 국가 재정을 늘리려 했어.

호패의 앞면(좌)과 뒷면(우)
앞면에는 신재묵이라는 이름 밑에 을유
년에 태어났으며 갑인년에 무과에 급제
했다는 사실이 적혀 있다. 뒷면에 적힌
을축은 호패를 발급한 연도이다.

칠정산 ✺

'음양오행'이란 말이 있어. 달을 뜻하는 '음陰'과 해를 뜻하는 '양陽', 오성의 기운을 뜻하는 '오행五行'이 합쳐진 말이지. 오성은 목성, 화성, 토성, 금성, 수성을 가리켜. 동양에서는 예로부터 해와 달에 오성을 더한 7개의 별을 중요시했어. 이 별 7개를 묶어 '칠정七政'이라고 불렀지. '정政'을 붙인 이유는 별들의 운행이 임금의 정치와 관련 있다고 여겼기 때문이야. 옛사람들은 천문 현상에 하늘의 뜻이 나타나 있으니 임금이 이를 잘 헤아려 백성을 다스려야 한다고 생각했어.

칠정산은 이렇게 중요한 별들인 '칠정'에 '계산할 산算'을 붙여서 지은 이름이야. 글자 그대로 풀면 '7정을 계산한 책'이라는 뜻이지. 그렇다면 별들을 관측하고 계산해서 무엇을 만들었을까? 바로 역법이야. 역법이란 달력을 만드는 원리를 가리켜.

동아시아 국가들은 오랫동안 중국의 역법을 가져와서 사용했어. 중국 천자에게 역법을 받아 오는 일도 사대 외교의 일환이었지. 그런데 중국의 역법은 베이징에서 천체를 관측해 만든 결과물이라 조선에서 적용하니 오차가 생겼어. 역법이 틀리면 임금의 권위도 서지 않을뿐더러 무엇보다 농사의 절기를 맞출 수 없었어. 이에 세종

은 독자적인 역법을 만들기
로 결심했지.

세종이 명을 내린 후 약
10년간 이순지, 김담 등이
중국·아라비아의 역법을
연구했어. 이들의 노력이 결
실을 맺어 드디어 한양을
기준으로 한 역법이 탄생했

《칠정산》 내편 《칠정산》은 중국의 역법을 참고하여
만든 내편과 아라비아의 역법을 참고해서 만든 외편
으로 구성되어 있다.

지. 세종 때 학자들의 자체적인 천체 관측과 계산으로 조선에 꼭 맞
는 역법을 만들어 낸 거야. 바로《칠정산》이 그 결과물이야. 역법서
인데도 '역曆' 대신 수학책처럼 '산算'을 붙인 이유는, 중국의 권위에
도전하는 느낌이 들까 우려해서였지.

15세기에는 자기 위치에서 일식과 월식을 예측할 수 있는 문명권
이 중국, 이슬람, 조선밖에 없었어. 즉,《칠정산》을 통해 조선의 뛰
어난 천문학 수준을 알 수 있는 거야.

의정부·6조

　의정부는 조선 시대 중앙 정치 기구 중 최고 기관이야. 의정부의 벼슬아치로는 삼정승 또는 삼의정이라 일컫던 영의정·좌의정·우의 정(정1품), 그리고 좌찬성·우찬성(종1품) 등이 있었어. 이 중 영의정이 최고 재상이었지.

　의정부 아래에는 6조가 있었어. 6조의 '조'는 실무를 맡는다는 뜻이야. 6조는 문관의 임명과 근무 성적 평가 등을 맡은 이조, 국가 재정 업무를 맡은 호조, 의례·교육·과거·외교 등을 맡은 예조, 군사 업무와 무관의 임명을 맡은 병조, 법률·형벌·노예 등에 대한 업무를 맡은 형조, 토목 공사 등을 맡은 공조로 구성되었지. 정2품의 판서가 각 조의 우두머리였고 그 아래로 종2품의 참판 등이 있었어.

　의정부와 6조는 왕명에 따라 국정을 시행하는 기구였어. 원래는 의정부가 6조를 지휘하도록 조직되었지만, 조선 초기에는 왕권이 얼마나 강하냐에 따라 의정부와 6조의 위상이 달라졌지. 예를 들어, 태종은 6조가 왕에게 직접 정무를 보고하게 했어. 이를 '6조 직계제'라고 해. 이때 의정부는 중국에 보내는 외교 문서 작성과 중죄를 저지른 사람의 재심사만 맡았어. 이러한 6조 직계제에서는 6조의 기능이 강화된 반면 의정부의 권한은 축소됐지.

반면 세종은 6조가 의정부에 일반 정무를 보고하고, 의정부의 합의 및 결정을 거친 뒤에야 왕의 허가를 받게 했어. 세종은 이러한 '의정부 서사제'로 왕권이 신권(신하들의 권력)과 조화를 이루도록 했어.

의정부와 6조의 위상은 그 후로도 변화를 겪었어. 조카인 단종에 게서 왕위를 빼앗은 세조는 다시 6조 직계제를 실시했어. 연산군을 몰아낸 중종 때는 신하들이 정국을 주도하면서 의정부 서사제가 실시되었지. 태종과 세조의 예에서 알 수 있듯이 6조 직계제는 왕권이 강할 때 실시되었어. 그러나 유교에서는 세종 때처럼 왕권과 신권이 조화된 상태를 이상적으로 여겨. 몇 차례 변화 끝에 조선은 '의정 부-6조-속아문·속사'의 일원적 통치 체계에 정착했어.

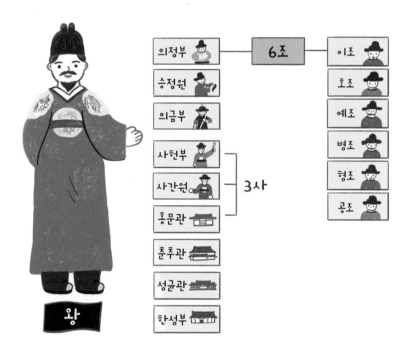

조선 왕조의 기본 법전, 경국대전

조선 초기에도 법전들은 존재했지만, 때때로 법조문이 겹치거나 모순되어 혼란스러운 상황이 벌어지곤 했지. 이에 세조 때부터 종합 법전을 만들기 시작했어. 바로 성종 때 완성된 《경국대전》 이야기야. 《경국대전》은 '나라를 다스리는 큰 법전'이라는 뜻을 지니고 있어.

《경국대전》 편찬에 참여한 관리들은 각 관아에서 받았던 국왕의 명령을 모은 다음, 그중에서 영구적인 법령을 정리해 따로 모았어. 그런 과정을 거쳤기 때문에 《경국대전》은 6조의 순서를 따를 수밖에 없었지.

《경국대전》의 완성으로 조선은 고려보다 발전된 중앙 집권 체제를 확립할 수 있었어. 세월이 흐르면서 법조문에 사회 변화를 반영할 필요가 생겨 영조 때 《속대전》, 정조 때 《대전통편》, 고종 때 《대전회통》을 편찬했지만, 이 같은 증보 작업에도 조선 왕조의 기본 법전인 《경국대전》의 위상은 흔들리지 않았어.

《경국대전》의 표지와 내지 조선은 중앙의 6조 체제에 맞춘 《경국대전》을 통해 이전 시대보다 강력한 중앙 집권 체제를 실현해 갈 수 있었다.

3사

조선 시대에도 언론 기관이 있었어. 하나도 아니라 무려 셋이나 있었지. 이 언론 기관들을 한데 묶어 '3사'라고 불렀어. 3사는 청요직의 대명사였다고 할 수 있어. 청요직은 청렴한 사람들이 맡는 '청직'과 중요한 관직인 '요직'이 합쳐진 말이야. 이 중에서 사헌부와 사간원을 아울러 '양사'라고 해.

사헌부·사간원의 '사司'는 맡는다는 뜻이야. 이름에 '법 헌憲'이 들어간 사헌부는 관리들이 직무 중에 법을 어기지 않는지 감찰하는 기구였어. 오늘날로 치면 검찰이나 감사원과 비슷하지. '간諫'은 간언, 즉 잘못된 일을 고치도록 임금에게 하는 말을 뜻해. 사간원은 임금에게 간언하는 일, 관리들의 잘못을 비판하는 일 등을 맡았어. 감찰과 비판을 함께 진행하는 사헌부와 사간원은 업무가 겹칠 때가 많았지.

사헌부와 사간원은 조선 초기부터 있었지만, 홍문관은 성종 때 예문관에서 분리되어 제 역할을 온전히 수행하게 되었어. 홍문관은 궁궐 안의 문서를 관리하면서 왕이 의견을 물으면 답하는 일을 맡았어. 양사에 홍문관까지 더해 3사로 묶었던 거야.

3사의 언론 활동은 어느 한 사람이나 집단의 권력 독점을 막고, 왕권과 신권의 조화를 꾀하기 위한 목적으로 이루어졌어. 어떤 홍문관원이 성종에게 "신하의 도道는 의義를 따르지, 군주를 따르지 않는다"고 답변한 적이 있다고 해. 이 말에서 알 수 있듯이 3사는 군주에 대한 충성보다 옳고 그름을 따져 도덕적 가치를 실현하는 일을 우선시했어.

3사의 언론 활동은 법적으로 보장되어 있었지만, 아무리 그래도 왕권이 강하던 태종·세조 때에는 위축될 수밖에 없었어. 성종 때 사림이 중앙 정계에 진출하면서 비로소 3사의 언론이 활성화될 수 있는 기반이 쌓였어.

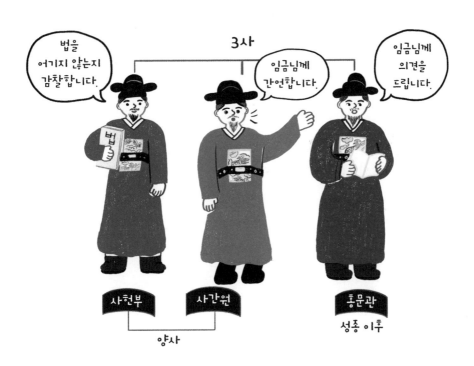

❀ 수령·유향소

수령은 고려·조선 시대에 고을을 다스리던 지방관이야. '지킬 수守'에 '명령 령令'이 합쳐진 이름에서 알 수 있듯이, 수령은 왕의 명령을 지키는 사람이었어. 수령 위에는 각 도에 내려보낸 관찰사(감사)가 있었지. 왕─관찰사─수령으로 이어지는 조선의 지방 행정 체계는 고려보다 한층 중앙 집권적이었어.

수령은 사또나 원님이라고도 불렸는데, 품계는 종2품 부윤부터 종6품 현감에 이르렀어. 이들은 농업을 장려하고, 세금 징수와 같은 행정 업무뿐 아니라 재판과 소송도 처리하며 군사 훈련도 맡았지. 교육을 장려할 임무도 있어서 과거 급제자 수 늘리기에도 힘썼어.

백성을 직접 다스리는 관직이라 국가에서는 수령의 임명 절차를 엄격히 했을 뿐만 아니라, 업무 평가도 철저히 했어. 수령의 임기는 《경국대전》에 1800일(약 5년)로 정해져 있었는데 해마다 두 번씩 관찰사에게 평가를 받았어. 상중하로 나뉜 이 평가에서 하下를 받거나 중中을 두 번 연거푸 받으면 수령직에서 물러났어.

지방에는 전직 품관(관료)들이 있었는데 이들을 유향품관이라 불렀어. 유향소는 이들이 모인 장소를 뜻해. 조선 초에는 유향소의 설립과 폐지가 반복되었어. 높은 벼슬에 있다가 내려온 유향품관이 자신보다 품계가 낮은 수령과 부딪치곤 했기 때문이야.

왕명을 받은 수령은 그 고을에서 왕의 분신 같은 존재였지만, 현지 사정에 어두웠기 때문에 유향소의 협조가 꼭 필요했어. 고을 사람들에게 영향력 있는 양반들을 무시할 수도 없는 상황이었지. 이에 유향소는 수령을 돕고, 향리가 비리를 저지르지 않도록 규찰하며, 풍속을 바로잡고, 고을의 여론을 이끌게 되었어. 이렇게 지방 통치를 돕는 면이 있었지만, 유향소는 소송을 처리하는 과정에서 뇌물을 받고 환곡을 조작하는 등 부정을 저지르기도 했어.

훈구·사림

16세기 조선 양반들은 훈구와 사림 세력으로 나뉘어 대립했어. '공로 훈勳'에 '옛 구舊'가 합쳐진 이름에서 알 수 있듯이, 훈구는 공신 책봉으로 형성된 기존 세력이었어. 이들은 조선 왕조 개창과 문물 정비를 주도한 이래 공신으로 책봉되어 특권을 누렸어. 특히 계유정난(1453년 수양 대군이 단종으로부터 왕위를 빼앗은 사건) 때 세조의 즉위를 도운 후 고위직을 차지하고 넓은 토지와 많은 노비를 소유했지.

대표적인 훈구 세력으로는 한명회, 신숙주 등을 꼽을 수 있어. 한명회는 공신에 네 번이나 책봉되었을 뿐 아니라 왕실과 혼인 관계까지 맺어 권력을 강화했어. 말년에는 '갈매기와 벗한다'는 뜻의 '압구정'이라는 정자를 지었는데 거기서 지금의 '압구정동'이라는 이름이 유래했대.

원래 사대부의 무리를 뜻하던 사림은 훈구와 대비되면서 재야에 밀려나 있던 사대부를 가리키게 되었어. 사림 세력은 조선 건국에 협력하지 않고 지방에 남았던 학자들을 계승했어. 이들은 지방에서 유학을 공부하며 제자들을 양성하다가 성종 이후 중앙에 진출했지. 대표적인 사림 세력으로는 김종필, 정여창 등을 꼽을 수 있어.

도연재 조선 고종 때인 19세기에 지방 유림들이 김종직에게 제사 지내기 위해 지은 집으로, 경상북도 고령군에 있다.

성종은 세자의 손자였지만, 왕권을 위협하고 갖은 비리를 일으키는 훈구 세력을 견제하기 위해 김종직을 비롯한 사림을 등용했어. 유교적 이상 정치를 추구하던 사림 세력은 주로 삼사에 진출해 훈구 세력의 비리를 비판하면서 정치를 이끌어 갔지.

❋ 사화

 사화는 선비들이 화를 당했다는 뜻이야. 여기서 선비는 대개 사림 세력이야. 사화는 연산군 때 두 번, 중종 때 한 번 일어난 데 이어 명종이 즉위한 해에 다시 한 번 일어났어.

 연산군 4년(1498)에 일어난 무오사화는 김종직의 〈조의제문〉이 발단이 되었어. 김종직은 사림 세력이 우러르던 스승이야. 단종을 죽인 세조를 의제(중국 초나라의 왕)를 죽인 항우에 빗대어, 의제를 애도하는 〈조의제문〉을 지었지. 그 후 김종직의 제자 김일손이 〈조의제문〉을 《성종실록》의 사초(실록의 바탕이 되는 사관의 글)에 넣었는데, 이 사실을 보고받은 훈구 세력은 "김종직이 세조를 헐뜯는 큰 죄를 저질렀다"며 연산군에게 아뢰었지. 이 일로 김종직이 무덤에서 시신이 꺼내져 부관참시를 당했을 뿐 아니라 제자들도 대부분 화를 입었어.

 연산군 10년(1504)에는 연산군의 어머니 윤씨의 폐비 문제를 둘러싸고 갑자사화가 일어났어. 성종의 중전 윤씨는 행실이 문제가 되어 왕비 자리에서 쫓겨나 사약을 받았는데, 연산군은 어머니가 억울하게 죽었다면서 수많은 신하를 처벌했어. 이때 연산군은 뜨거운 쇠로 지지는 등의 끔찍한 형벌을 신하들에게 내렸다고 해.

1506년, 신하들은 포악한 정치를 일삼던 연산군을 몰아내고 성종의 둘째 아들 진성 대군을 즉위시켰어. 이 사건이 중종반정이야. 반정反正은 바른 상태로 돌려놓는다는 뜻이지. 중종은 연산군이 바꾸거나 폐지한 제도를 성종 때 모습으로 되돌리고, 조광조를 비롯한 사림 세력을 등용했어.

　　사림 세력은 성리학의 확산에 힘쓰며 과감히 개혁을 추진해 갔어. 그 개혁 중 하나가 도교 행사를 맡아 관리하던 소격서의 폐지야. 성리학 지식뿐 아니라 덕을 갖춘 사람을 추천하는 현량과도 시행했어. 아무런 공로도 없는데 공신이 된 자들을 가려내는 위훈(거짓 공훈) 삭제도 주장했지.

연산군

走肖爲王

주초위왕의 진실은?

중종은 사림 세력이 훈구 세력을 제어해 왕권을 굳건히 지켜 주리라 기대했지만, 성리학적 이상 정치를 추구하다 보면 왕권이 제약될 수밖에 없었지. 그 무렵 궁궐의 나뭇잎에 '주초위왕走肖爲王'이라는 글자가 나타났다는 소문이 돌았다고 해. '주走'와 '초肖'를 합하면 '조趙'가 되니, 조씨가 왕이 된다는 뜻이었지.

중종의 총애를 한 몸에 받고 있던 조광조는 졸지에 반역을 꾀한다는 모함을 받았어. 이는 훈구 세력이 나뭇잎에 꿀로 글씨를 써 벌레가 파먹게 해서 꾸민 사건이었어. 하지만 그 무렵 중종은 사림 세력의 거침없는 개혁에 위기감을 느끼고 있었어. 이에 훈구 세력과

136

공모해 사림 세력을 제거했지. 기묘년(1519)에 일어난 기묘사화는 그렇게 기묘한 상황에서 일어났어.

중종 말년에는 왕위 계승을 둘러싸고 두 외척 세력이 날카롭게 대립했어. 두 세력은 모두 윤씨라 대윤, 소윤으로 구별되어 불렸어. 대윤은 왕세자(훗날 인종)를 지지하는 장경 왕후 윤씨와 윤임 일파였지. 소윤은 경원 대군(훗날 명종)을 지지하는 문정 왕후 윤씨와 윤원형 일파였어.

중종의 뒤를 이은 인종은 즉위 1년도 되지 않아 세상을 떠나고, 어린 명종이 즉위했어. 아들 대신 수렴청정을 한 문정 왕후와 외척들은 대윤을 숙청했지. 사림 세력도 대윤과 소윤의 갈등에 휘말려 화를 입었어. 이 사건이 1545년에 일어난 을사사화야.

사화로 정치적 피해를 입은 사림 세력은 지방에서 성리학 공부에 힘썼어. 이들이 나중에 정계에 진출해 다양한 학문적 견해를 내세우면서 붕당이 나타나게 되었지.

흥청거리다가 망한 연산군

조선 시대 대부분의 왕이 '조'나 '종'으로 끝나는 묘호를 받았지만, 반정으로 쫓겨난 연산군과 광해군은 왕 대접을 못 받고 '군'이라고 불리게 되었어. 광해군은 잘못한 일도 있지만 업적도 있어서 평가가 엇갈리지만, 연산군은 온갖 나쁜 짓만 일삼은 왕으로 역사에 기록되었지.

한 예로, 연산군은 전국에서 노래와 춤 실력이 뛰어난 미인들을 뽑아 흥청興淸이라 불렀대. 그러고는 함께 잔치를 벌이며 즐긴 데서 '흥청거린다'는 말이 생겼지. '흥청 망청'이라는 말은 연산군의 비참한 말로를 두고 세상 사람들이 '흥청 때문에 망했다'고 한 데서 생겼다고 해.

조선 최고의 학부,
성균관의 유생들

우리나라의 국립 교육 기관은 고구려 소수림왕 2년(372)에 설치한 태학에서 시작되었어. 그 전통을 이은 조선 시대 최고 학교가 바로 성균관이야. 지금도 서울 명륜동 성균관대학교 안에 남아 있지. 마당에 들어서면 오래된 은행나무가 눈길을 끄는데, 공자가 은행나무 단에서 제자들을 가르쳤다는 기록에 따라 심은 거야. 주요 건물로는 공자를 비롯한 성현들의 위패를 모신 대성전, 강의실인 명륜당, 학생들의 기숙사인 동재와 서재가 있어.

성균관 학생들은 유학을 공부하는 학생이라는 뜻에서 '유생'이라고 불렸어. 입학생들은 대부분 서울의 4부 학당이나 지방의 향교에서 공부하고 소과(생원시·진사시)에 합격한 사람들이었어. 성균관에서 실력을 더 쌓은 뒤에 대과를 치렀지. 성균관 유생들은 '유소'라는 상소를 올리고, 자신들의 뜻이 관철되지 않으면 식사를 거부하거나 아예 성균관을 비우는 집단행동도 불사했어.

서울 문묘와 성균관 명륜당 학생들이 학문을 갈고 닦은 곳으로, 명륜당을 중심으로 존경각과 향관청, 비천당, 계성사가 있다.

서원

중국 송나라 때 성리학(주자학)을 집대성한 주자는 서원을 선비들이 제대로 공부할 수 있는 장소로 여겨 이곳저곳에 많이 세우려고 애썼어. 사화로 타격을 입고 지방에 머물던 사림 세력도 주자와 같은 생각으로 서원을 세웠어. 요컨대 서원은 사림 세력이 지방에 세운 사설 교육 기관이야.

우리나라 최초의 서원은 16세기 주세붕이 세운 백운동 서원이야. 중종 때 풍기 군수로 부임한 주세붕은 고려 말의 유학자 안향에게 제사 지내려고 사당을 세운 후 그곳에서 유생들을 교육하면서 백운동 서원이라 불렀어.

명종 때 풍기 군수였던 이황은 백운동 서원을 둘러보고 국가의 지원이 절실함을 느꼈어. 이황의 상소를 받은 명종은 '소수 서원'이라고 손수 쓴 현판과 함께 서적, 노비 등을 하사했지. 이때 백운동 서원의 이름은 소수 서원으로 바뀌었고, 소수 서원은 우리나라 최초의 사액 서원이 되었어.

'사액'은 임금이 이름을 지어 쓴 현판을 주었다는 뜻이야. 사액 서원은 국가에서 토지와 노비를 받았고, 대개 세금과 역이 면제되는 특혜를 받았어. 이러한 국가 정책에 힘입어 서원은 지방 곳곳에 세

영주 소수 서원 우리나라 최초의 서원으로, 주세붕이 세운 백운동 서원에 명종이 손수 쓴 현판을 내리면서 소수 서원으로 이름이 바뀌었다.

워졌어.

서원과 다른 교육 기관의 차이점은 뭘까? 조선 시대 교육 기관에서는 유학의 성인들에게 제사 지내고, 그들의 정신을 이어받도록 가르쳤어. 이렇게 제사 기능과 교육 기능이 결합된 점은 성균관(국립 최고 학부)이든, 향교든, 서원이든 마찬가지였지.

국가에서 세운 성균관과 향교는 공자, 맹자 등 유학의 대표적인 성인들을 정해 놓고 제사 지냈어. 이에 비해 서원은 그 지역 출신의 성인을 우선시했어. 이 때문에 유생들은 서원에서 공부하며 자기 지역에 자부심을 느꼈고, 자신도 노력하면 언젠가 성인이 될 수 있다는 자신감도 얻었지.

서원의 유생들은 자기 수양을 통해 유학의 가치를 실현하려 했어. 서원의 공부는 과거 급제나 출세를 위한 과정이 아니라는 점에서 성균관, 향교와 달랐어. 무엇보다 사림 세력의 근거지로서 중요한 역할을 했지.

　나중에는 너무 많아진 데다 부패의 온상이 되어 문제가 되었지만, 서원은 유교 사회 구현에 크게 이바지했어. 2019년에는 소수 서원, 도산 서원, 병산 서원 등 한국의 9개 서원이 유네스코 세계 유산에 올랐지. 이들 서원은 성리학의 한국 정착 과정을 보여 준다는 점에서 높은 평가를 받았어.

붕당

붕당은 학문적으로나 정치적으로나 입장이 같은 양반들이 이룬 집단이야. 중국에서는 원래 붕당을 부정적으로만 생각했는데, 송나라 때부터 군자의 당과 소인의 당으로 나누어 바라보기 시작했어. 조선에서는 사림 세력이 붕당 활동의 정당성을 주장했어. 사림 세력의 주장에 따르면, 군자가 집단을 이루는 것은 자연스러운 현상이야.

조선 최초의 붕당은 선조 때 이조 전랑의 임명 문제를 둘러싸고 나타났어. 전랑은 이조와 병조의 정랑(정5품)과 좌랑(정6품)을 아울러 부르던 말이야. 전랑의 '전銓'에는 인재를 공정하게 저울질한다는 의미가 담겨 있어. '랑郞'은 직급의 범위를 말해. 병조 전랑은 무관의 인사를 맡았고, 그 외 관료들의 인사권은 이조 전랑이 갖고 있었어. 조선의 관료 체계가 문관 중심이었기 때문에 보통 전랑이라 하면 이조 전랑을 가리켰지.

전랑은 당상관 이하 관리들의 임명과 승진을 좌우했을 뿐 아니라 유력한 사람을 추천할 수 있었고, 인사 동의권도 가졌어. 게다가 후임자를 고를 권한까지 있었지. 전랑에게 이렇게 큰 권한을 준 것은 상관의 압력에서 벗어나 소신에 따라 인사를 처리하게끔 하려는 취지였어.

문제는 이조 전랑으로 있던 오건이 김효원을 후임자로 삼으려 할 때 심의겸이 반대하면서 시작되었어. 김효원이 전랑이 되고 난 후, 누군가 심의겸의 동생을 전랑의 후임으로 추천하자 김효원이 이를 막았지. 이렇게 김효원과 심의겸이 옥신각신하면서 사림 세력은 둘로 갈라졌어.

김효원의 집이 한양의 동쪽에 있었기 때문에 김효원의 지지자들은 동인이라 불렸어. 한양의 서쪽에 살고 있던 심의겸의 지지자들

은 서인이라 불렸지. 붕당은 동인과 서인으로 양분되는 데 그치지 않고, 여러 갈래로 나뉘었어. 동인은 북인과 남인으로 나뉘었고, 북인이 대북과 소북으로 갈렸지. 지방에서 올라온 사림 세력은 출신 지역뿐 아니라 학연, 혈연으로 갈라졌어. 다양한 사람들의 생각은 당연히 다 달랐고 정치적 행동도 다를 수밖에 없었지. 거기다 3사를 중심으로 활발해진 언론은 붕당을 만들고 차이를 굳히는 데 큰 영향을 미쳤어.

붕당은 당시 중앙 정계에 있던 사람 대부분과 관계된 현상이었어. 왜 이 시기에 붕당이 생겨났을까? 태종 때처럼 왕권이 강하거나 세종 때처럼 안정되어 있을 때는 붕당이 생기기 어려워. 연산군 이후 왕권이 약해지면서 신하들이 정국을 주도하게 되자 붕당이 나타난 거야.

조선 시대 인사 절차에서 유래한 '물망'과 '낙점'

조선 시대에는 이조와 병조에서 각각 일반 관료와 무관의 인사를 맡았어. 실무자들이 추천한 적임자 3명은 '망'이라는 명단에 올랐는데, 이를 물망에 오른다고 했지. 왕은 이 중 적임자를 골라 이름에 점을 찍었어. 이를 낙점이라 했지. 물망과 낙점은 요즘도 많이 쓰는 말이야. 낙점 후에는 '서경'이 기다리고 있었어. 사헌부와 사간원 관리들이 인사가 적절한지 살핀 다음 동의하는 절차였지. 5품 이하 모든 관리가 서경의 대상이었어. 조선 시대에는 왕이 결정했더라도, 서경을 통해 다시 한번 인사의 전횡을 막았던 거야.

제 5 장

조선 사회의 변동

고려 말 혼란스러운 사회를 개혁하기 위해 조선을 세웠지만,
조선 역시 안정되면서 여러 문제가 생겼어.
조선은 어떻게 문제를 해결하고 발전해 갔을까?

임진왜란

임진년인 1592년, 일본은 조선을 침략했어. 그리고 정유년인 1597년, 다시 쳐들어왔지. 두 번째 전쟁은 정유재란이라고도 하는데, 보통 두 전쟁을 묶어 임진왜란이라고 불러. 참고로 임진왜란을 일으킨 도요토미 히데요시는 100년 넘게 이어지던 무사들의 세력 다툼을 끝장내고 1590년 일본을 통일한 사람이야. 임진왜란은 도요토미 히데요시가 죽고 나서야 끝이 났어.

당시 일본군은 서양에서 전해진 조총으로 무장했을 뿐만 아니라 무역 등으로 조선의 사정을 환히 꿰고 있었어. 만반의 전투태세를 갖춘 상태였지. 반면, 200년 가까이 전쟁이 없었던 조선은 정치 기강이 해이할 뿐만 아니라 군사력도 약했어. 이 때문에 임진왜란 초반에는 선조가 수도인 한양도 버리고 의주로 피란해야 했어. 조선은 수군의 잇따른 승리와 의병의 활약 덕에 겨우 버텼지.

명나라 지원군이 도착하면서 임진왜란은 동아시아 국제전으로 번졌어. '입술이 없으면 이가 시리다'는 말처럼 조선이 무너지면 명나라까지 위태로운 상황이었거든. 조선을 돕는다는 명분을 내세웠지만, 명나라는 사실 자기 나라를 방어하기 위해 참전한 거였지. 1593

년 조·명 연합군이 평양을 함락한 후 전세는 역전되었지만, 벽제관 전투에서 크게 패한 후 명군은 더 이상 싸우려 들지 않았어. 일본군도 지치기는 마찬가지였기에 휴전 회담이 열렸으나 1596년에 결국 결렬됐어.

1597년, 일본이 다시 쳐들어오자 이순신은 명량에서 일본군의 기세를 꺾었어. 명량 대첩은 이순신이 선조에게 올렸던 "신에게는 아직 12척의 배가 남아 있습니다"라는 글로도 유명해. 조선군이 아주 불리한 상황이었지만, 이순신은 뛰어난 전략으로 일본군을 무찔렀지. 1598년 도요토미 히데요시가 죽어 일본군이 조선에서 철수할 무렵, 이순신은 노량에서 철수하는 일본군을 기다리고 있다가 격퇴하고 숨을 거두었어. 7년에 걸친 임진왜란은 그렇게 끝났어.

임진왜란은 동아시아 삼국에 큰 변화를 가져왔어. 전쟁터였던 조선은 많은 사람이 죽고 농토가 황폐해지는 등 막심한 피해를 입었지. 반면에 일본은 조선에서 납치해 간 도자기 기술자, 유학자 들 덕에 문화가 발전했어. 한편 명나라는 재정에 큰 타격을 입었을 뿐만 아니라 백성들의 원성을 샀지. 그 틈에 여진이 후금을 세우면서 동아시아 정세가 요동치기 시작했어.

평양성 탈환도(부분) 1593년, 임진왜란 당시 조·명 연합군이 평양성을 포위하고 사흘간 벌인 탈환전을, 후대에 상상으로 그린 병풍이다. 조선군의 공성이 구체적으로 묘사되어 있다.

평양성 탈환도(전체)

임진왜란으로 중요성이 부각된 비변사

조선은 일본인들에게 부산포, 제포(창원), 염포(울산) 등 세 곳의 포구를 개방했어. 이곳에 머물던 일본인들이 16세기 중종 때 일으킨 폭동을 삼포왜란이라고 해. 이 문제를 처리하기 위해 조선 조정은 임시로 비변사를 설치했어. 삼정승, 고위 군사 전문가 등이 비변사에 모여 대책을 논의했지.

왜구의 침입이 잦아지면서 비변사의 위상도 높아졌어. 명종 때는 왜구가 전라도 강진과 진도 일대에 쳐들어와 노략질한 을묘왜변이 일어났는데, 그 와중에 비변사는 상설 기관으로 자리를 굳혔어.

임진왜란까지 터지자 전·현직 대신과 6조 당상관(고위 관료)들이 비변사에 모여 나랏일을 의논했어. 그렇게 효율성을 검증받은 비변사는 최고의 정치 결정 기구로 떠올랐어. 그러나 비변사는 19세기 세도 정치기에 폐단이 부각된 후 고종 때 이르러 폐지되었어.

《비변사등록》 우리나라 국보로 조선 중기 비변사에서 논의·결정된 사항을 날마다 기록한 책. 광해군 9년(1617)부터 고종 29년(1892)까지의 기록이 남아 있다.

병자호란 ❖

병자년인 1636년, 청나라가 조선에 쳐들어왔어. 임진왜란의 피해가 채 복구되기도 전에 또다시 전쟁에 휘말린 거야. 그럼 병자호란이 일어나기 전 국내외 정세는 어떠했을까? 1618년 후금의 선전포고에 명나라는 조선에 지원군을 요구했어. 임진왜란 때 도움받은 조선은 명나라를 외면할 수 없었지만, 강성한 후금과 적대할 수도 없었지. 이에 광해군은 지원군을 보내기는 하되, 지휘관인 강홍립에게 상황을 봐서 대처하라고 명했어. 1619년 조·명 연합군이 패하자 강홍립은 남은 군사들과 함께 후금에 항복했어.

이후에도 광해군은 명나라와 후금 중 어느 편도 들지 않으면서 조선의 실리를 꾀했어. 이러한 중립 외교 덕분에 후금과의 전쟁을 피할 수 있었지만, 명나라와의 의리와 대의명분을 중시하

삼전도비 병자호란 때 조선이 청나라에 패배하여 강화 협정을 맺은 것을 기념하라는 청 태종의 요구로 인조 17년(1639)에 세웠다.

던 서인 세력은 광해군을 거세게 비판했어. 결국 서인들은 광해군이 계모인 인목 대비를 폐위하고 동생인 영창 대군을 죽인 것을 빌미로 삼아 광해군을 몰아내고 인조를 왕으로 추대했어. 이 사건을 인조반정이라고 해.

인조반정 후 조선이 명나라 편에 서자 정묘년인 1627년, 후금이 조선에 쳐들어오며 정묘호란이 일어났어. 명나라의 위협에도 대처해야 했던 후금은 조선과 형제 관계만 맺고 철수했지만, 나라 이름을 청으로 바꾼 뒤 군신 관계를 요구했어. 이에 조선의 신하들은 전쟁을 주장하는 주전론과 화해를 주장하는 주화론으로 갈렸지. 청나라는 주전론자들을 인질로 자기 나라에 보내라고 경고했으나, 조선이 거절하자 병자호란을 일으켰어.

인조는 남한산성으로 피신해 한 달여 동안 저항했지만, 결국 삼전도(오늘날 서울 송파)에서 청나라에 항복했어. 이때 인조는 청 태종에게 세 번 무릎 꿇어 절하고, 절할 때마다 세 번씩 머리를 땅에 찧는 굴욕적인 모습을 보여야 했지.

곧이어 동아시아의 국제 질서는 청나라 중심으로 재편되었어. 청나라를 오랑캐로만 여기던 조선은 큰 충격을 받았지. 인조의 아들이자 다음 왕인 효종을 중심으로 북쪽의 청나라를 쳐서 복수하자는 북벌 운동도 일어났지만, 효종이 죽은 뒤 유야무야되었어. 이후 청나라의 선진 문화를 배워야 한다며 오히려 북학 운동이 일어났지.

✻ 5군영

5군영은 중앙의 다섯 군영(군대가 주둔하는 곳)을 가리켜. 5군영의 시작은 선조 때 만든 훈련도감이었지. 훈련도감은 조총 다루는 포수, 창검 쓰는 살수, 활 쏘는 사수로 이루어졌어. 이들은 기존 의무병과 달리, 국가에서 급료를 받고 비상사태에 항상 대비하는 상비군이었지. 임진왜란 때 일본군의 위력을 실감하고, 군사 제도를 대대적으로 뜯어고친 거야.

인조반정 이후에는 이괄이라는 사람이 공신 대우를 제대로 받지 못했다는 불만을 품고 반란을 일으켰어. 이를 계기로 국왕을 호위하는 어영청이 만들어졌어. 뒤이어 만들어진 총융청은 서울과 경기의 경비를 맡았어.

정묘·병자호란 후에는 남한산성 방어를 위한 수어청이 설치되었어. 서인과 남인의 대립이 극에 달한 숙종 때 국왕 호위와 수도 방위를 위해 금위영을 설치했어. 이렇게 훈련도감, 어영청, 총융청, 수어청, 금위영으로 중앙의 5군영 체제가 완성되었어.

154

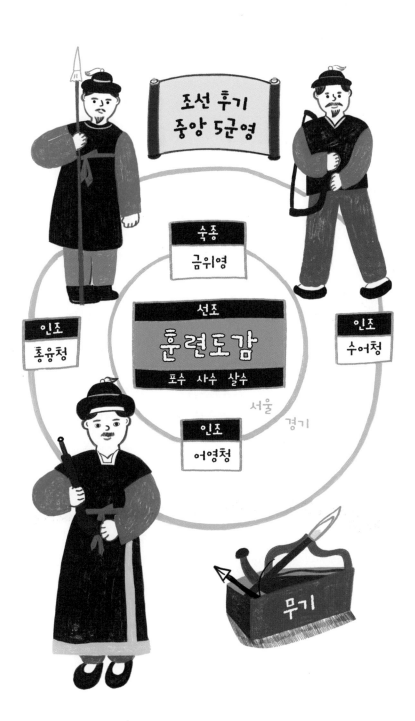

조선 후기
중앙 5군영

숙종
금위영

선조
훈련도감
포수 사수 살수

인조
총융청

인조
수어청

인조
어영청

서울
경기

무기

조선 후기 전술과
무기의 변화

　임진왜란 전까지 조선군은 기병 위주로, 북방 유목민의 침입을 막는 데 주력했어. 그런데 동아시아의 전쟁터가 확대되고 화약 무기가 보급됨에 따라 잘 훈련되어 일사불란하게 움직이는 군사의 활약이 중요해졌어.

　특히 일본에 먼저 전해진 서양의 무기, 조총은 임진왜란 때 위력을 톡톡히 보여 주었지. 조총의 첫 글자 '조鳥'는 새를 뜻해. 날아가는 새도 쏘아 맞히는 총이 바로 조총이었던 거야. 조총을 쏘아 대는 일본군 앞에서 조선군은 소스라치게 놀랐지. 다행히 사야가라는 일본인이 조선에 조총 다루는 법을 가르쳐 주었어. 임진왜란 때 일본 선봉장이었던 그는 조선으로 귀화해 김충선이라는 이름을 얻고 일본 공격에 앞장섰어. 이후 조선군의 주축은 조총을 다루는 포수로 바뀌었고, 전술 체계 역시 이들을 앞세운 보병 중심으로 바뀌었어.

조총 1460~1480년대쯤 유럽에서 개발된 무기로 1543년 포르투갈을 통해 일본에 전해지면서 동아시아에 첫선을 보였다. 임진왜란 초기 조선군에게 큰 피해를 주었지만, 조선 후기에는 조선군의 주력 무기로 거듭나게 된다.

연행사·통신사

조선은 청나라에 보내는 사신을 '연행사'라고 불렀어. 청나라의 도읍이 연경(오늘날의 베이징)이어서 '연경에 가는 사신'이란 뜻에서 그렇게 불렀지. 조선 전기 명나라에 보내는 사신은 '천자를 뵈러 가는 사신'이란 뜻에서 '조천사朝天使'라 불렀는데 말이야. 연행사는 조천사보다 낮은 명칭이지. 이런 변화는 조선이 명나라는 숭배한 반면, 청나라는 낮잡아 봤음을 알려 줘. 그러나 연행사와 그 일행에 포함된 학자들은 청나라와 교류하며 서양 문물 등 앞선 문화를 들여왔어.

통신사는 조선이 일본에 보낸 사신이야. 통신사라는 명칭은 고려 말, 왜구를 단속해 달라고 일본 막부의 장군에게 사신을 보낼 때 처음 쓰었어. 이때는 '신호를 통하는 사신'이라는 뜻이었지. 조선은 교린 관계를 강조하며 '믿음이 통하는 사신'이란 뜻에서 일본에 통신사를 보냈어.

조선은 임진왜란 이후 일본과 국교를 끊었지만, 1636년 에도 막부의 요청으로 국교를 다시 시작하면서 통신사를 보냈어. 통신사는 19세기 초까지 조선의 앞선 문화를 일본에 전하고, 두 나라 사이의 평화 관계를 유지하는 데 기여했지.

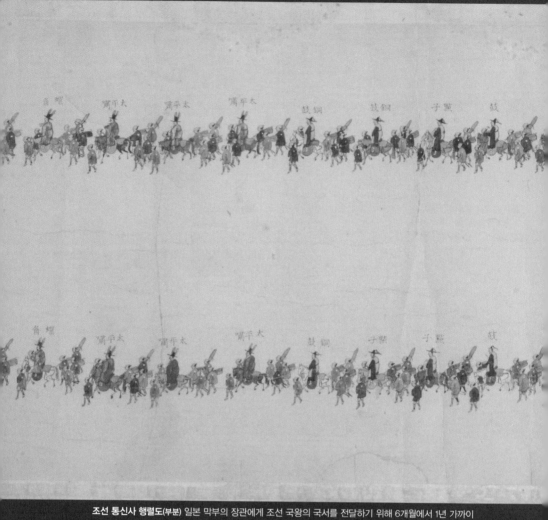

조선 통신사 행렬도(부분) 일본 막부의 장관에게 조선 국왕의 국서를 전달하기 위해 6개월에서 1년 가까이 행차한 조선통신사 일행은 방문하는 곳마다 서화·시문 등 많은 작품을 남겼다. 오늘날에도 병풍·판화 등의 형태로 화려한 행렬도가 전해지고 있다.

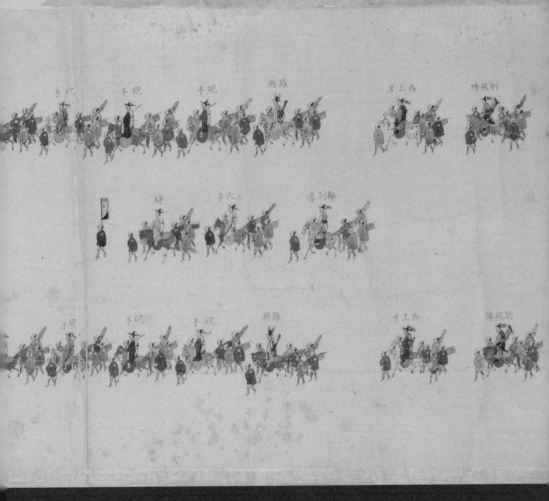

조선 통신사 행렬도(전체)

❀ 대동법

고려·조선의 세금 제도는 당나라 때 완성된 조용조 체제로 운영되었어. 조租는 경작지에서 곡물을 징수하는 전세田稅, 용庸은 사람의 노동력을 징발하는 역役, 조調는 지역 특산물, 즉 공물을 거두는 공납이었지. 공납은 이 중에서 가장 큰 말썽거리였어.

예를 들어 경상도의 공물에는 청어가 포함되어 있었어. 청어가 잡히는 양은 겨울이 얼마나 추운가에 달려 있었는데, 문제는 겨울이 따뜻해서 청어가 적게 잡히더라도 공물의 양을 맞춰야 한다는 것이었어. 각 고을은 할당된 공물을 백성들에게 거둬서 관할 도의 감영이나 조정에 바쳤거든. 그러니 백성들의 부담이 얼마나 컸겠어.

공물을 신선한 상태로 제때 관청까지 운반해 오기도 힘들었어. 거기다 공물의 품질이 안 좋다며 담당 관리들이 퇴짜를 놓곤 하니 백성들은 공물에 뇌물까지 얹어 줘야 했지. 이런 상황에 방납까지 생기면서 백성들의 부담은 더 커졌어. 방납은 중간 상인이 일정 금액을 받고 공물을 납부해 주는 방법이었는데, 지방 수령과 손잡은 이 상인들이 방납의 대가를 터무니없이 올려 버린 거야. 어떤 특산물 값이 10냥이라면 중간 상인이 백성에게 50냥을 받아서 수령과

20냥씩 나눠 가지면서 이득을 취한 거지.

대동법은 이러한 병폐를 해결하기 위해 공납을 개혁한 제도야. 백성들에게 특산물 대신 토지 1결당 쌀 12두 또는 그만큼의 베, 면포, 돈을 거두었지. 토지를 많이 가진 사람일수록 부담이 커지는 제도라 가난한 농민들의 환영을 받았어. 국가에 필요한 공물은 공인이라는 상인이 납부했어. 공인은 국가에서 물품 값을 받은 후 물품을 시장에서 사 오거나 수공업자에게 주문했지. 그 결과 상공업이 활발해졌어.

'대동大同'은 유교 경전인 《예기》에 나오는 말이야. 《예기》에서 공자는 모든 사람이 천하의 주인이 되어 불만을 토로하는 사람도, 도

대동법 시행 기념비 효종 때 영의정을 지낸 김육은 살날이 얼마 남지 않은 순간에도 대동법 시행을 위해 마지막 상소를 올렸다고 한다. 평택에 그를 기리는 비석이 세워져 있다.

둑질하는 사람도 없는 사회를 대동이라 했어. 이러한 뜻처럼, 대동법은 누구나 자신이 가진 토지만큼 세금을 부담하는 제도였어. 이상적인 제도인 만큼 기득권층의 반대가 커서 전국적으로 시행되는 데는 100년이나 걸렸어.

예송

　예송은 현종(재위 1659~1674) 때 서인과 남인이 예절에 대해 벌인 논쟁이야. 기해년(1659)에 효종이 죽자, 효종의 어머니인 자의 대비가 상복 입는 기간을 둘러싸고 논쟁이 벌어졌어. 효종은 인조의 둘째 아들로, 형인 소현 세자가 갑자기 죽어 인조의 뒤를 이어 왕위에 올랐거든. 그런데 《국조오례의》에는 효종처럼 둘째 아들이 즉위했다가 죽은 경우 어머니가 얼마나 오래 상복을 입는지에 대한 규정이 없었던 거야. 이에 신하들은 첫 번째 예송 논쟁인 기해 예송을 벌였어.

　《주자가례》에는 맏아들이 죽은 경우에만 어머니가 3년복(만 2년)을 입고, 둘째 이하 아들이 죽은 경우 1년간 상복을 입도록 정해 놓았어. 서인은 효종이 둘째 아들이니 이 규정에 따라 자의 대비가 1년간 상복을 입어야 한다고 주장했어. 반면에 남인은 효종이 국왕이므로 일반 예와 달리 자의 대비가 3년복을 입어야 한다고 주장했어. 두 주장이 팽팽히 맞선 가운데, 조정에서는 몇째 아들인지 상관없이 부모는 1년간 상복을 입는다는 《경국대전》의 규정을 따르기로 했어. 결과적으로 기해 예송의 승자는 서인이었지.

갑인년(1674)에 이르러 효종의 왕비인 인선 왕후가 죽자 자의 대비의 상복 문제가 다시 불거졌어. 이를 갑인 예송이라고 해. 《경국대전》에는 시어머니는 맏며느리가 죽은 경우 1년간, 다른 며느리가 죽은 경우 9개월간 상복을 입는다고 구분해 놓았어. 갑인예송도 서인의 승리로 끝날 뻔했지만, 현종은 아버지 효종을 맏아들로 대우할 수 없다는 서인의 주장에서 문제점을 발견했어. 효종이 맏아들이 아니므로 정통이 아니라는 식의 주장은 그의 뒤를 이은 현종의 왕권마저 위협할 수 있었던 거야. 결국 현종은 남인의 의견을 받아들였어.

신하들이 예절에 대해 그토록 치열하게 논쟁을 벌인 이유는 뭘까? 예송은 성리학이 조선 사회에 뿌리내리던 시기에 일어났어. 당시에는 성리학적 가치와 사회 질서가 예禮를 통해 표현되었지. 성리학자들은 예를 바로 세워야만 왕도 정치가 실현된다고 생각했는데, 이 무렵 성리학에 대한 이해 수준이 깊어져 학파 간에 예를 둘러싼 논쟁이 활발히 일어났어.

　'왕은 본질적으로 사대부인가, 아닌가'에 대한 생각도 엇갈렸어. 서인은 왕도 사대부의 예법을 따르면 된다고 주장한 반면, 남인은 왕실의 예법과 사대부의 예법이 달라야 한다고 주장했지. 이들의 논쟁에는 둘째 아들로서 왕위를 계승한 효종의 정통성에 대한 입장 차이도 깔려 있었어.

환국 ✦

환국은 국면의 전환을 뜻해. 예송이 일어난 현종 때는 서인과 남인이 서로 맞서면서도 상대 세력을 완전히 몰아내지는 않았어. 하지만 숙종 때는 환국이 일어나는 바람에 서인과 남인 중 한 세력이 단번에 쫓겨나고 다른 세력이 집권하는 상황이 빚어졌어.

왜 정국이 엎치락뒤치락 바뀌었을까? 붕당 정치에서는 원래 여러 정치 집단이 공존하는데, 조선에서는 점차 한 집단이 다른 집단을 밀어내려 들었지. 여기에 숙종이 정국 운영에 깊이 개입하면서 환국이 일어난 거야. 참고로 현종의 외아들인 숙종이 열네 살로 왕위에 오를 당시 조정은 갑인예송에서 서인을 꺾은 남인이 장악하고 있었어.

첫 번째 환국은 남인의 우두머리였던 허적의 잘못에서 비롯됐어. 영의정을 맡고 있던 허적은 1640년 자기 집에서 잔치를 벌였는데, 비가 오자 궁궐에서 사용하는 기름 먹인 천막을 가져다가 썼어. 그런 줄도 모르고 숙종은 빗속에 잔치를 벌일 영의정을 걱정해 궁궐의 천막을 보내라고 명령을 내렸지.

숙종은 허적이 멋대로 천막을 가져간 사실을 알고 크게 화가 났어. 이 일을 계기로 숙종은 남인을 몰아내고 주요 관직을 죄다 서인에게 맡겼어. 경신년에 일어난 이 환국을 경신환국이라고 해.

두 번째 환국은 세자 책봉 문제에서 비롯됐어. 숙종은 왕위를 이을 아들이 태어나길 애타게 기다리고 있었어. 후궁인 소의 장씨가 왕자(훗날 경종)를 낳자, 바로 장씨의 품계를 희빈으로 올리고 그 왕자를 세자로 삼았어. 문제는 숙종에게 젊은 왕비가 있어 언젠가 왕자를 낳을지 모르는 상황인 데다 희빈 장씨가 남인과 가까웠다는 거야. 이 때문에 서인이 세자 책봉에 반대하자, 숙종은 서인을 쫓아내 버렸어. 이어서 중전 민씨(인현 왕후)를 궁궐에서 내보내고 희빈 장씨를 왕비로 삼았어. 1688년에 일어난 이 사건을 기사환국이라고 해.

두 번이나 환국이 몰아치자 정국은 살얼음판 같았을 거야. 기사환국으로 집권한 남인은 웬만하면 숙종의 뜻을 거스르지 않으려 했지만, 숙종의 사랑이 숙빈 최씨에게 쏠리면서 다시 정국에 변화가 찾아왔어. 중전 자리를 꿰찬 장씨는 최씨를 괴롭혔고, 급기야 숙종은 장씨가 최씨를 독살하려 했다는 밀고까지 듣게 되었지. 숙종은 남인을 몰아내고, 민씨를 다시 중전으로 들였어. 이 사건이 숙종 때 마지막으로 일어난 갑술환국이야. 희빈 장씨는 이후 주술 등으로 인현 왕후를 저주했다는 혐의로 사약을 받고 죽었어. 숙종의 사랑을 듬뿍 받던 최씨가 낳은 왕자는 나중에 경종의 뒤를 이어 영조가 돼.

경신환국, 기사환국, 갑술환국을 거치며 서인에서 남인으로, 그리고 다시 서인으로 집권 세력이 바뀌면서 숙종 때는 정국이 요동쳤어. 이 과정에서 남인의 처벌 문제가 불거지며 서인은 노론과 소론으로 나뉘었어.

숙종 가계도

부부 ──────
자녀 --------

서인 — 인현 왕후 민씨
남인 — 희빈 장씨
서인 — 숙빈 최씨

인경 왕후 김씨 | 인현 왕후 민씨 | 인원 왕후 김씨 | 희빈 장씨 | 숙빈 최씨

경종

영조

명빈 박씨 | 영빈 김씨 | 귀인 김씨 | 소의 유씨

숙종

🌸 탕평책

탕평책은 영조와 정조가 붕당의 폐단을 극복하고자 실시한 정책이야. 영조는 균역법 제정과 청계천 정비, 《속대전》 편찬 등의 업적을 남겼지. 붕당 정치의 폐단이 드러나던 18세기에 어떻게 지배층의 힘을 모아 여러 정책을 추진할 수 있었을까?

붕당의 대립은 숙종 말년에 왕위 계승 문제를 둘러싸고 절정에 달했어. 소론은 희빈 장씨가 낳은 세자(숙종의 맏아들, 훗날 경종) 편에 선 반면, 노론은 숙빈 최씨가 낳은 연잉군(숙종의 둘째 아들, 훗날 영조)을 지원했지.

경종의 뒤를 이어 즉위한 영조는 붕당의 폐단을 뼈저리게 느꼈어. 이에 즉위하자마자 동부승지였던 송인명이 건의한 탕평책을 실천에 옮겼어. 19세기에 나온 《송남잡지》에 따르면, 탕평채라는 요리가 송인명에게 영감을 주었대.

탕평채는 청포묵에 미나리, 고기볶음, 김 가루, 달걀지단 등을 섞어 무친 음식이야. 하얀 청포묵이 당시 주류였던 서인처럼 주재료로 쓰인 가운데 푸른 미나리는 동인, 붉은 고기볶음은 남인, 검은 석이버섯이나 김 가루는 북인을 상징한다고 알려져 있어. 다양한 재

168

료가 어우러진 탕평채에는 여러 붕당의 조화를 도모한 영조의 마음이 담긴 듯해.

유교 경전인 《서경》에는 "무편무당 왕도탕탕無偏無黨 王道蕩蕩 무당무편 왕도평평無黨無偏 王道平平"이라는 구절이 나와. 한쪽에 치우치거나 무리 짓지 않아야 왕의 길, 즉 왕도가 평탄하다는 뜻이지. '탕평'은 원래 이 구절에서 '탕'과 '평'을 가져와 생긴 말이야.

영조가 탕평책을 실시했지만 붕당의 폐단은 여전히 남아 있었어. 그 와중에 사도세자가 뒤주에 갇혀 죽는 참변이 일어났고, 사도세자의 아들 정조가 즉위해 탕평책을 이어 갔지.

탕평책이 실시된 영·정조 때에는 강력한 왕권을 바탕으로 여러 개혁이 추진되고 사회·경제·문화가 두루 발전했어. 그러나 정조가 갑자기 승하하면서 개혁은 중단되었고, 국왕에게 집중되었던 권력은 어린 순조 대신 외척에게

탕평비 영조는 장차 관료가 될 유생들의 마음에 새겨 두기 위해 탕평비를 성균관에 세웠다.

넘어갔어. 이후 철종 때까지 60여 년 동안 몇몇 유력한 가문이 권력을 독점한 세도 정치가 이어졌어.

평민의 군역 부담을 덜어 준 균역법

균역均役은 역을 고르게 한다는 뜻이야. 원래 16세부터 60세까지의 양인 남성은 누구나 군역의 의무를 져야 했어. 그런데 시간이 흐르면서 많은 양인 남성이 군포라는 이름의 면포를 내는 것으로 군역을 대신했지. 군포가 백성들에게 큰 부담이라는 사실을 알게 된 영조는 하급 관료, 농민을 포함해 수차례 의견을 듣고 난 후 균역법을 실시했어. 우선 군포 2필을 1필로 줄여 가난한 농민의 부담을 반으로 줄였어. 군포가 줄면서 부족해진 재정은 평안도와 함경도 외의 토지 1결당 쌀 2두를 징수하는 결작미, 군포를 내지 않던 사람들을 선무군관에 임명해 징수하는 선무군관포 등을 통해 보충했어.

수원 화성 ✼

　수원 화성은 정조가 개혁의 중심지로 건설한 성곽 도시야. 수원 화성 성곽은 동서양 축성 기술이 어우러진 독특한 성으로 가치를 인정받아 유네스코 세계 문화유산에 지정되었지.

　정조가 즉위할 무렵 신하들은 사도 세자 문제로 분열되어 있었고, 영조의 측근 세력이 붕당 정치의 진전을 가로막고 있었어. 정조는 왕권 강화를 위해 규장각과 장용영을 설치했지.

　'규장奎章'은 임금이 쓴 글이나 글씨를 뜻해. 규장각은 왕실 자료 보관소로 출발했지만 점점 기능이 확대되어 정책을 개발하고 인재를 양성하는 곳이 되었어. 서얼(첩의 자식)을 차별하지 않는 정조의 정책에 따라 박제가, 이덕무 등의 인재들이 규장각에서 활약했지. 기존 군대와 별도로 창설된 장용영은 국왕의 호위를 맡았어.

　정조는 강화된 왕권을 바탕으로 여러 개혁을 추진했어. 이러한 개혁은 수원 화성 건설로 절정에 이르렀어. 아버지 사도 세자의 묘를 양주 배봉산에서 명당인 수원 화산으로 옮기고 화성을 건설한 거야. 한양에서는 권세 있는 신하들의 기세에 눌려 개혁을 실시하기 어려웠기 때문에 화성에서 여러 개혁을 실험한 다음 전국으로 확산하려는 계획이었지.

정조는 수원 화성을 실학이 반영된 모범 도시로 설계했어. 수원 화성은 동서남북에 파 놓은 저수지 덕분에 가뭄에도 끄떡없었고, 국영 농장인 둔전의 수입으로 자급자족할 수 있었어. 정조는 3년간 세금을 면제해 줌으로써 상인과 수공업자가 화성에 모여들도록 했어.

수원 화성 성곽은 철통같은 방어를 자랑해. 우리나라 성곽의 전통을 살리면서 실학자들이 주장한 중국식 벽돌 문화도 도입했고, 서양의 과학 기술도 활용해 건설되었어. 10년을 계획하고 시작된 공사는 실학자 정약용 등의 활약으로 약 2년 만에 완공되었지.

수원 화성의 건설 과정은 《화성성역의궤》에 상세히 담겼어. '의궤'는 왕실의 혼례·장례·제사·연회, 외교 사절 접대, 왕궁의 건설·수리 등 국가 의식을 기록한 책이야. 《화성성역의궤》에는 건물의 설

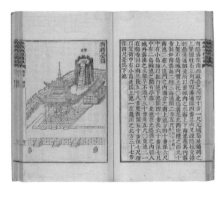

화성성역의궤 수원 화성 성역 조성 전 과정을 기록한 종합 보고서다. 화성의 건물·축성 기구·행사의 그림과 설명뿐 아니라 공사 일자, 공사에 참여한 사람들의 명단 등이 수록되어 있다.

수원 화성 서북공심돈 '속이 빈 돈대'를 뜻하는 공심돈은 우리나라 성곽 중 화성에만 있다. 꼭대기의 누각에서 군사들이 감시하도록 했고, 외벽에는 화포를 쏠 구멍이 뚫려 있다.

계도뿐 아니라 건설 현장에서 일한 사람들의 이름·거주지·품삯까지 기록되어 있어.

수원 화성은 그 자체로 뛰어난 문화유산이지만, 신분 차별이 존재하던 시대에 평범한 일꾼들 이름을 하나하나 적고 건설 과정, 비용 등을 기록으로 남긴 점도 놀라워.

✳ 실학

　정조 때 활약한 정약용은 실학을 집대성한 학자로 유명하지. 한 강에 배다리를 놓았고, 거중기 등을 발명해 수원 화성의 공사 기간과 비용을 줄여 주었어. 유배 중에도 백성의 아픈 현실을 돌아본 경험을 토대로《목민심서》등 많은 책을 지었지. 조선 왕조가 기울던 19세기 말, 고종은 곁에 정약용 같은 인물이 없음을 한탄했다고 해.

　정약용의 활동에서 알 수 있듯이 조선 후기에는 현실 문제에 관심을 갖고 국가 개혁에 도움이 되려는 학문이 나타났어. 실용을 중시해서 실학이라는 이름이 붙었지만, 실학이 성리학과 동떨어진 학문은 아니었어. 실학자들은 대부분 성리학자였고, 정약용도 평생 동안 주자를 존경했지.

　실학자들이 발탁되어 현실 정치에 참여한 시기는 대개 영·정조 때

정약용 초상 정조의 신임을 한 몸에 받으며 개혁 정치를 함께한 정약용은 말년에 유배 생활을 하면서도 학문을 게을리하지 않았다.

였어. 이들은 관직에서 물러나거나 유배 가 있는 동안에는 저술 작업에 집중해 높은 연구 성과를 남겼어.

《반계수록》을 지은 실학자 유형원은 토지 국유화, 노비 세습 폐지 등을 주장하며 국가 제도를 근본적으로 뜯어고치려 했어. 그의 영향을 받은 이익, 정약용 등이 토지 제도 개혁을 주장하며 농민의 고통을 덜어 주려 했지. 상공업 발전의 중요성에 주목한 실학자들도 있어. 유수원, 홍대용, 박지원, 박제가 등이야. 박제가는 《북학의》에서 자꾸 퍼 써야 우물물이 마르지 않는 것처럼 소비를 많이 해야 생산이 촉진된다고 주장했어.

납속책·공명첩

조선 시대 신분은 크게 양인과 천인으로 나뉘었어. 16세기 이후 양반, 중인, 상민, 천민으로 세분화된 신분제는 임진왜란으로 인해 느슨해졌어. 전쟁 통에 백성들이 살던 곳을 이탈했을 뿐만 아니라 노비 문서가 불타고, 세금 징수에 필요한 호적과 토지 대장이 없어졌거든. 세금을 거둘 수 없어 재정이 바닥난 조선 정부는 납속책을 실시하고, 공명첩을 발행했어.

'납속納粟'은 곡식을 납부한다는 뜻이야. 즉, 납속책은 곡물이나 돈을 바친 사람에게 관직을 주거나 천인의 신분을 양인으로 올려 준 정책이야. '공명첩'은 이름을 비워 둔 문서를 뜻해. 이름이 적혀 있지 않으니 누구든 공명첩을 사서 자기 이름을 써 넣을 수 있었지. 조선 정부는 공명첩을 사는 사람에게 명예직을 주어 신분을 높여 주었어.

이 외에 불법적인 방법으로 신분을 높이기도 했어. 신분을 속여 호적에 양반으로 적기도 하고, 거짓 족보를 꾸미거나 과거 합격증을 위조하는 사람들도 있었지. 이렇게 합법적 또는 불법적인 방법으로 양반이 늘어나면서 조선의 신분제는 무너져 갔어.

농민 봉기

   '벌 봉蜂'으로 시작하는 단어 '봉기蜂起'는 말 그대로 벌 떼처럼 들고 일어나는 일을 가리켜. 《삼국사기》에는 신라 말인 9세기에 전국적으로 농민 봉기가 일어났다고 전해. 이런 봉기는 결국 후삼국으로의 분열로 이어졌지. 고려 시대에도 무신 집권기인 12~13세기에 농민·천민의 봉기가 줄지어 일어났어.

   신라에서 고려로, 고려에서 조선으로 나라가 달라질 때마다 초기에는 백성들의 삶이 조금 나아지는 듯했어. 그렇지만 조선 백성들의 삶도 갈수록 힘들어졌지. 16세기부터는 양반들이 특권을 누리면서 농민들이 세금에 허덕이게 됐고 지방 수령의 수탈도 갈수록 심해졌어. 17세기에는 지독한 흉년이 들어 살길이 막막해진 농민들이 산속으로 들어가 도적 떼에 합류하기도 했어. 실학자 이익이 '조선의 3대 도적'으로 꼽은 홍길동, 임꺽정, 장길산도 농민들이 살기 팍팍했던 이러한 시대를 배경으로 등장했지.

   19세기에 시작된 세도 정치는 농민의 삶을 더욱 옥죄었어. 무엇보다 삼정의 문란이 극심했어. 삼정은 세 가지 세금, 즉 전정·군정·환곡을 말해. 이 중 전정은 토지에 부과하는 세금인데, 지주들은 땅을 빌린 농민에게 이 세금을 떠넘겼어. 토지에는 여러 세금이 부과됐는데, 여기에 관리들의 비리까지 겹치면서 농민들의 부담은 갈수록 커져 갔어.

군정은 군대에 가는 대신 내는 세금인데, 양반들은 제외되었어. 관리들은 어린애, 노인, 심지어 죽은 사람이나 배 속의 아이 몫까지 요구했고 여자를 남자로 바꿔치기하면서까지 군포를 거둬 갔어. 도망간 사람 대신 이웃이나 친척에게 군포를 내라고 강요하기도 했지. 이러한 수탈을 참다못해 한 남자는 자신의 생식기를 잘랐고, 그의 아내가 관가로 달려가 억울함을 호소했다고 해. 이 사건은 정약용의 〈애절양〉이라는 시에 담겨 전해지고 있어.

환곡은 '곡식을 교환한다'는 말 그대로 관청에서 농민에게 곡식을 빌려주었다가 갚게 하던 제도야. 부정부패 탓에 어느 순간 관리들의 재정 보충 수단이 되어 버렸지. 관리들은 문서 위조 등의 비리를 저지르며 환곡을 빼돌리다가 나중에 농민에게 몇 배로 받아 냈어.

농민들은 부조리한 현실에 분개했어. 민심이 흉흉한 가운데, 장차 정 도령이 나타나 세상을 바꿀 것이라는 예언서 《정감록》이 퍼져 나갔지. 천주교가 들어오고 동학이 창시되면서 평등사상도 확산되었지. 백성들은 정부와 탐관오리에 대한 불만을 쏟아 내며 저항하기 시작했어.

위기감이 고조되던 1811년, 평안도에서 홍경래의 난이 일어났어. 평안도는 청나라와의 활발한 무역 속에 상업이 발달했고, 산이 많아 금은 광산을 개발하기 좋은 곳이었어. 그러나 평안도 사람들은 오랫동안 차별받아 왔어. 과거에 붙더라도 중요한 관직에 오르지 못했지. 게다가 세도 정권이 서울의 특권 상인을 옹호하는 가운데 상업 활동에 통제를 받고, 갖은 세금 수탈에 시달렸어.

불만을 품고 있던 평안도 일대 사람들은 홍경래의 난으로 하나가 되었어. 홍경래는 세도 정권을 뒤엎기로 결심하고 함께할 사람들을 10년 동안이나 모았다고 해. 오랜 준비 끝에 정부에 조직적으로 맞선 봉기였던 거야. 돈 많은 상인들은 홍경래에게 군자금을 댔고, 광산 노동자, 토지를 잃고 떠돌던 농민 등이 봉기군에 참여했어. 관군의 무력 진압을 보고 처음에는 봉기에 참여하지 않았던 농민들도 합류해 싸웠다고 해. 홍경래의 난은 넉 달여 만에 진압되었지만, 홍경래가 죽고 나서도 농민들은 그가 살아 있다는 소문을 퍼뜨리며 새로운 세상에 대한 꿈을 버리지 않았어.

홍경래의 난으로부터 50여 년이 지난 1862년, 이번에는 전국을 휩쓴 농민 봉기가 일어났어. 1862년이 임술년이라 그해에 일어난 봉기를 임술 농민 봉기라고 해. 이 봉기는 경상도 단성(오늘날 산청)에서 시작되어 이웃 고을인 진주로 이어졌어.

조선 시대에는 경상도를 동서로 나누어 낙동강 동쪽을 경상좌도, 그 서쪽을 경상우도라고 불렀어. 진주는 경상우도에서 가장 큰 고을인 데다 땅이 기름져 지방 관리들의 수탈이 극심했지. 그 와중에 경상우병사 백낙신이 자기가 **빼돌린** 엄청난 환곡을 집집마다 나누어 내게 하자 참다못한 진주 농민들이 봉기한 거야. 몰락한 양반 유계춘이 봉기를 이끌었어. 농민들은 자체적인 향회와 땔감을 함께 모으며 만들어진 조직을 통해 하나가 되어 움직였지.

봉기 초반의 초점은 탐관오리의 세금 수탈에 항거하는 것이었어.

● 홍경래군의 점령지
⚑ 임술 농민 봉기 발생지

세도 정치기에 일어난 농민 봉기

1811년
홍경래의 난

1862년
진주 농민 봉기

의주
선천 ● 박천
용천 ● 정주 ● 가산
함흥
황주
개성
● 한성
광주
청안
공주 상주 안동
연산 선산
익산 개령 거창 밀양 울산
부안 함양 창원
함평 진주
단성
장흥 순천 남해
제주

유계춘의 묘 가난한 지식인으로서 당대의 사회 모순을 제대로 인식하고 있던 유계춘은 민란에 앞장서며 농민들을 대변했다.

당시 세금은 양반이든 부자든 가리지 않고 군현별로 할당되었기에 이들도 봉기에 함께 참여했어. 그러나 농민들은 높은 소작료와 고리대로 괴롭히던 양반 지주들의 집을 불태우고 점차 그들의 재물을 **빼**앗는 데까지 나아갔어. 그러면서 봉기의 전면에 농민들이 나서게 되었지.

　임술 농민 봉기는 삼남 지방(충청도, 전라도, 경상도)을 중심 삼아 전국으로 확산되었어. 대개 지역별로 전개되었지만 일부 지역에서는 이웃 고을의 동참을 유도하기도 했지. 이에 놀란 정부는 삼정이정청을 만들어 삼정의 폐단을 개혁하려 했어. 임술 농민 봉기는 이런 개혁을 이끌어 낼 만큼 영향력이 큰 사건이었던 거야.

제 6 장

근·현대 사회의 전개

서구 열강이 쳐들어오면서 동아시아는 큰 변화를 겪게 돼.
조선도 외세의 침략에 맞서면서 국내 문제를 해결해 가야 했지.
지금의 대한민국이 되기 전까지,
우리나라에는 어떤 일들이 있었을까?

❀ 흥선 대원군

　정조 다음 왕인 순조 때 시작된 세도 정치는 헌종을 거쳐 철종까지 이어졌어. 철종이 후계자 없이 승하하자 다음 왕은 누가 될지가 시급한 문제로 떠올랐지. 당시 왕실의 최고 어른은 헌종의 어머니 조 대비였어. 조 대비는 순조의 세자이자 헌종의 아버지였던 익종의 왕비, 신정 왕후야. 헌종이 즉위하면서 왕대비가 되었지. 익종은 추존 왕으로, '추존'이란 왕위에 오르지 못하고 죽은 이에게 임금의 칭호를 주던 일을 가리켜.

　조 대비는 왕족이지만 가난하고, 딱히 세력도 없는 흥선군 이하응(1820~1898)의 둘째 아들 명복을 남편인 익종의 양자로 올려 왕위를 잇게 했어. 그렇게 1863년, 고종이 왕위에 오르면서 흥선군은 '대원군'이 되었지. 대원군은 왕의 아버지 중에서 왕이 아니었던 사람을 가리키던 칭호야. 조선에는 흥선 대원군 전에도 몇몇 대원군이 있었지만, 흥선 대원군처럼 살아 있을 때 대원군이 된 사람은 없었어. 흥선 대원군은 살아서 대원군이 된 유일한 사람이야.

　고종이 즉위 당시 만 열두 살밖에 안 되었기 때문에 국정은 흥선 대원군이 이끌었어. 흥선 대원군은 세도 정치를 펴던 안동 김씨 세력을 누르고, 세도 가문이 장악해 정치를 쥐락펴락하던 비변사를 개혁해 의정부에 통합시켰어. 이런저런 폐단을 일으키던 서원도 대폭 정리했지. 이러한 개혁들로 점차 왕권을 강화해 나간 거야.

군정 개혁을 위해 호포제도 실시했어. 호포제의 호⁶는 집을 뜻해. 양반, 평민 가리지 않고 집집마다 군포를 거두었지. 또한 탐관오리들의 고리대로 전락한 환곡 대신 민간에서 운영하는 사창제를 실시했어. 양반들은 호포제의 실시와 서원 정리에 거세게 반발했지만, 과감한 개혁 덕에 민생은 어느 정도 안정되었어.

흥선 대원군은 왕실의 권위를 세운다는 명목으로 임진왜란 때 불탄 경복궁을 다시 지었어. 건설비를 마련하기 위해 법정 가치를 상평통보의 100배로 책정한 당백전도 발행했지. 하지만 시장에서는 당백전의 실제 가치를 상평통보의 5, 6배 정도로만 쳐주었어. 이에 조선 왕실은 많은 이익을 챙긴 반면, 백성들은 치솟는 물가로 큰 고통을 겪었어. 먹고살기 어려워진 백성들은 당백전을 '땡전'이라 부르며 자신들의 처지를 '땡전 한 푼 없다'고 표현했다고 해.

경복궁 중건을 위해 부자들에게는 '원해서 내는 돈'이라는 뜻의 원납전顧納錢도 징수했어. 실제로는 강제로 거두는 기부금이었기 때문에 사람들은 '원망하며 바

흥선 대원군 이하응의 초상 흥선 대원군은 둘째 아들이던 고종이 즉위하면서 권력을 잡았으나 10년째인 1873년에 물러났다.

치는 돈'이라고 비꼬았지.

　흥선 대원군이 무리하게 밀어붙인 경복궁 중건은 양반과 평민 모두에게 불만을 샀어. 승정원 동부승지 최익현은 흥선 대원군 정책의 부당함을 조목조목 적어 고종에게 상소를 올렸지. 1868년에는 경복궁 중건에 관련된 정책의 부당함을, 1873년에는 서원 철폐에 대한 시정을 건의했어. 1873년은 흥선 대원군이 집권한 지 10년이 흐르고, 고종도 이미 성인이 된 때였지. 최익현의 상소를 받아들인 고종은 흥선 대원군의 궁궐 출입을 막고 직접 정치를 하기 시작했어.

양요 ❈

양요는 '서양 세력이 일으킨 난리'라는 뜻이야. 흥선 대원군이 집권하고 있을 때 병인양요와 신미양요가 일어났지. 1866년에는 프랑스가 병인양요를, 1871년에는 미국이 신미양요를 일으켰어. 양요 앞에 붙은 '병인', '신미'는 각각 병인년, 신미년을 뜻해.

양요는 갑자기 일어난 사건이 아니야. 배경을 제대로 이해하려면 유럽의 세력 확대부터 살펴봐야 해. 15세기에 새로운 뱃길을 개척한 유럽 국가들은 아시아, 아프리카, 아메리카 대륙으로 세력을 뻗어나갔어. 18세기 후반, 영국에서 시작된 산업 혁명은 서양의 경제력과 군사력을 급속도로 끌어올렸지. 유럽 국가들과 미국은 남아도는 상품을 팔고 원료를 싸게 살 시장이 절실히 필요했어. 그래서 다른 대륙에 쳐들어간 뒤 무역, 선교 등을 빙자해 식민지를 확대해 갔어.

조선은 위치상 유럽의 항로에서 벗어나 있었지만, 청나라와 일본은 16세기부터 유럽과의 교역이 늘어 갔어. 중국 중심의 조공 무역에 익숙하던 동아시아 국가들은 자국의 체제 유지를 위해 자유 무역을 통제했지만, 서양 국가들은 무력을 동원해 동아시아 국가들의 빗장을 열었지. 이를 '항구를 열었다'는 뜻으로 개항 또는 문호

개방이라고 해.

동아시아에서 제일 먼저 개항한 나라는 일본이야. 1853년, 미국 함대의 무력시위에 굴복한 일본은 그다음 해 문호를 개방했지. 그렇다고 동아시아 국가들이 서양과의 무역에서 무조건 손해를 본 것은 아니야. 청나라는 영국 사람들이 좋아하는 차를 대량으로 수출해 많은 돈을 벌었어. 반면, 영국은 청나라에 생각만큼 많은 물건을 판매하지 못했지. 청나라는 땅덩이가 크고 물자도 풍부해서 영국에서 수입할 물건이 거의 없었거든.

막대한 손해를 본 영국은 결국 청나라에 아편을 판매하기 시작했어. 청나라가 아편 판매를 제재하니까 전쟁을 일으켜 청나라를 굴복시켰지. 이 전쟁을 아편 전쟁이라고 해. 아편 전쟁에서 진 청나라는 1860년 서양에 항구를 열 수밖에 없었어.

조선 사람들은 큰 나라로 섬기던 청나라가 서양에 점령됐다는 소식에 충격을 받았어. 불쑥불쑥 나타나는 배들에 위기감도 느꼈지. 서양에서 온 이 배들은 '모양이 다른 배'라는 뜻에서 이양선異樣船이라고 불렸어. 아편 전쟁 후 연해주를 차지한 러시아도 곧 조선에 쳐들어올 기세였지. 그런 불안감 속에 조선은 문호를 더욱더 굳건히 닫아걸 수밖에 없었어. 그 중심에 흥선 대원군이 있었지.

1866년 병인양요를 일으킨 프랑스는 병인박해를 구실로 쳐들어왔어. 흥선 대원군은 원래 러시아를 견제하기 위해 프랑스 선교사들을 통해 프랑스와 교섭할 생각이었어. 이 시도가 실패하자 수많은 천주교도와 프랑스 선교사 아홉 명을 처형했지. 이 사건이 바로 병인박해야. 서울 마포구에는 병인박해 때 희생된 사람들을 기리는 절두산 순교지가 있어. 절두산切頭山은 처형되어 잘린 머리가 수북이 쌓였다는 뜻으로 붙여진 이름이야.

1868년에는 독일 상인 오페르트가 흥선 대원군 아버지 남연군의 묘를 몰래 파헤치려다 들통 나기도 했어.

1871년에는 신미양요가 일어났어. 1866년, 통상(나라들 사이에 서로 물건을 사고팖)을 요구하러 와서 행패 부리는 미국 상선 제너럴셔먼호를 평양 사람들이 불태웠는데, 이 사건을 구실로 미국이 쳐들어온 거야.

신미양요 이후 흥선 대원군은 척화비를 세웠어. 척화斥和는 '화친(사이좋게 지냄)을 배척한다'는 뜻이야. 척화비에는 서양 세력과의 화친을 주장하는 것은 나라를 팔아넘기는 짓이라는 내용이 새겨졌어.

흥선 대원군이 세운 척화비 신미양요 이후 흥선 대원군은 전국 각지에 척화비를 세웠다.

✻ 강화도 조약

개항 후 10여 년이 지난 1868년, 일본은 메이지 유신을 단행했어. 이를 계기로 천황 중심의 정치 체제를 세우고, 근대화 정책에 박차를 가했지. 일본은 새로이 외교 관계를 맺기 위해 천황 명의의 외교 문서를 조선에 보냈지만, 전통적 사대교린 관계에 익숙한 조선은 이에 응하지 않았지. 그러자 일본에서는 조선을 정벌하자는 주장이 거세게 일어났어.

때마침 고종이 정치에 전면적으로 나서면서 조선의 외교 정책에도 변화가 나타났어. 고종은 증기선, 대포를 비롯한 서양 문물이 부국강병에 필요하다고 생각했고, 일본과도 국교를 수립해야 한다고 여겼어. 고종은 일본이 황제의 이름으로 국서를 보내더라도 그것은 일본의 내정 문제이니 외교를 거부할 이유가 안 된다고 이야기했어. 운요호 사건은 이렇게 외교 정책의 변화를 모색하던 중에 일어났어.

운요호는 1875년 일본이 국적 표시도 없이 강화도 앞바다에 보낸 군함이야. 조선 포대는 국적 표시도 없는 운요호에 경고 사격을 했지만, 운요호는 아랑곳하지 않고 강화도 초지진을 공격했어. 이뿐만 아니라 영종도를 기습해 노략질까지 하고 가 버렸지. 그러고는 국기를 달고 식수를 얻으러 갔을 뿐인데 조선이 공격했다고 억지를 부렸어. 20여 년 전 미국의 강압에 못 이겨 개항했던 일본이 서양 국가들의 방식을 그대로 쓰며 조선에 개항을 강요한 거야.

운요호 사건 1875년 9월 20일 일어난 운요호 사건은 한일 간 첫 불평등 조약인 '강화도 조약'의 빌미가 되었다.

개항 문제를 두고 조선에서는 찬반양론이 엇갈렸지만 개화파의 주도로 1876년 일본과 강화도 조약을 맺었어. 이 조약은 여러모로 조선에 불리했어. 첫 번째 조항에는 조선이 자주국임이 명시되었지만, 여기에도 속사정이 있었어. 조선이 큰 나라로 섬기던 청나라가 끼어들까 염려한 일본이 청나라의 간섭을 배제하려고 이런 내용을 제일 먼저 제시한 거야.

강화도 조약으로 일본은 원래 오가던 부산 외에 두 항구, 즉 원산과 인천을 열었어. 일본 배들은 조선의 해안과 섬을 자유롭게 측량할 수 있게 되었지. 이후 세 항구에 개항장이 설치되었어. 개항장은 외국인이 드나들고 무역할 수 있는 지역이야. 그런데 개항장에서 일본인이 범죄를 저지르더라도 조선 법으로 처벌하지 못했어. 강화도 조약에 '치외 법권治外法權'이 명시되었거든. 치외 법권은 통치 밖에 있을 수 있는 법적 권리를 뜻해. 자기 나라 국민을 보호하려는 일본의 입장이 노골적으로 반영된 부분이야.

강화도 조약 체결 후 조선은 미국을 시작으로 서양 여러 나라와도 통상 조약을 맺었는데, 서양 국가들과의 조약에는 최혜국 대우가 명시되었어. 최혜국 대우란 혜택을 가장 많이 입은 나라가 있을 경우 그 나라처럼 대우해 주는 것을 말해. 결국 조선은 이 나라, 저 나라에 휘둘리게 되었지.

전통 질서를 지키려 한 위정척사 운동

위정척사衛正斥邪는 바른 것을 지키고 사악한 것을 배척한다는 뜻이야. 여기서 바른 것은 성리학에 기반을 둔 전통 질서를 뜻하고, 사악한 것은 서양 문물을 가리켜. 조선에서는 중국 중심의 성리학에 따라 중화와 오랑캐를 구별했어. 이런 생각에 따라 서양 문물이 들어오기 전까지 조선 지식인들은 중국은 세계의 중심인 중화中華이고, 조선은 중국에 버금가는 문화를 가진 '소중화小中華'라며 자랑스러워했지.

위정척사파는 서양과의 통상과 개항에 반대했어. 이들은 강화도 조약 체결 즈음에는 서양 문물을 받아들인 일본도 서양과 같다며 개항에 반대했고, 1880년대 정부가 추진한 서양과의 수교에도 반대했어. 위정척사 운동은 외세의 침략성을 꿰뚫어 보았다는 데 의의가 있어. 외세에 맞선 이들의 저항은 나중에 항일 의병 운동으로 이어졌어.

임오군란 ✖

개항 후 일본으로 곡물이 빠져나가면서 조선의 곡물 값은 치솟았어. 임오년이던 1882년에는 흉년까지 들어 백성의 삶이 극도로 어려워졌지. 그해 구식 군대가 일으킨 난이 바로 임오군란이야. 군란이기는 한데, 먹고살기 힘든 하층민도 여기에 가담했어.

구식 군대는 왜 들고일어났을까? 개항 후 조선 정부는 신식 군대를 만들고 '특별히 기량(재주)이 뛰어난 군대'라는 뜻으로 '별기군別技軍'이라는 이름을 붙였어. 별기군은 일본인 교관에게 훈련 받았고 구식 군대보다 나은 급여에 일본식 최신 무기까지 갖추었어.

찬밥 신세로 전락한 구식 군대에는 점점 설움만 쌓여 갔지. 급기야 구식 군인들은 13개월이나 급료가 밀렸어. 그러다 우선 한 달분의 급료를 받게 되었는데 급료로 받은 쌀이 양도 부족한 데다 겨와 모래까지 잔뜩 섞여 있었어. 구식 군인들은 참다못해 임오군란을 일으킨 거야.

구식 군인들은 일본 공사관을 불태우고, 별기군 훈련을 맡았던 일본인 교관을 살해했어. 궁궐로 쳐들어가 개화 정책을 추진하던 고위 관료들도 살해했지. 이런 난리 통에 흥선 대원군이 다시 집권

하나 했지만, 청나라 군대가 들어와 상황을 수습한 뒤에 임오군란의 책임자로 흥선 대원군을 지목해 끌고 갔어.

임오군란으로 피해를 입은 일본은 조선에 배상금, 사죄 등을 요구했어. 조선은 제물포 조약을 맺어 일본의 요구를 들어줄 수밖에 없었지. 제물포 조약에 따라 조선은 배상금을 지불하고, 일본 공사관에 군대가 주둔하는 것을 인정하며, 군대의 주둔 비용도 부담하기로 했어.

임오군란을 수습한 청나라도 조선에 군대를 주둔시키고 본격적으로 조선의 내정에 끼어들었어. 임오군란은 개화 정책의 반발로 일어난 사건인데, 그 결과 청일 군대가 주둔하고 청나라의 간섭이 심화되면서 조선은 위기에 빠졌어.

임오군란 후 들어온 화교, 그리고 짜장면과 호떡

다른 나라에 사는 중국인은 흔히 '화교'라고 불리지. 화교는 중국인의 자부심이 담긴 '중화'의 '화華'와 임시 거처를 뜻하는 '교僑'가 합쳐진 말이야.

우리나라는 고대부터 중국과 교류했지만, 화교는 임오군란 후 조·청 상민 수륙 무역 장정에 따라 본격적으로 우리나라에 들어와 살기 시작했어. 조·청 상민 수륙 무역 장정은 임오군란을 수습한 청나라가 자기네 나라 사람들이 조선에 진출하기 쉽도록 맺은 조약이야.

짜장면 탄생의 주역은 산둥 출신의 화교들이었어. 이들은 1900년 이후 우리나라로 많이 들어왔는데, 서양의 침입으로 청나라의 혼란이 극에 달하면서 먹고살기가 어려웠기 때문이야. 이들은 대개 우리나라 여자들과 결혼해 살면서 짜장면을 만들어 냈어. 짜장면의 기원은 중국 산둥의 옌타이 가까이 있는 자오둥 요리에 있지만, 우리나라에서 한국적인 요리로 재탄생했지.

중국집 차릴 돈이 없는 화교들은 대부분 호떡을 만들어 팔았어. 호떡은 나중에 '호떡집에 불났다'는 말이 생길 정도로 우리나라 사람들의 사랑을 받았지. 호떡을 파는 화교들은 언젠가 돈을 많이 벌면 이층 벽돌집을 지어 중국집을 열겠다는 꿈을 안고 살아갔어.

개화 ❈

개화는 유교 경전에 나오는 '개물성무開物成務'와 '화민성속化民成俗'에서 각각 첫 글자를 따온 말이야. 개물성무는 '만물을 열어(만물의 뜻을 깨달아) 일을 이루고 힘쓴다'는 뜻이고, 화민성속은 '백성을 교화해서(가르쳐) 좋은 풍속을 이룬다'는 뜻이지. 한마디로 개화란 원래 유교를 통해 교화시키는 것을 뜻했어.

강화도 조약 이후에는 개화라는 단어가 서양 문물을 받아들이자는 뜻으로 쓰였어. 초기 개화파는 정신적인 면에서는 전통을 유지하되 물질적인 면에서 서양을 받아들이자고 주장했어. 그러다가 1880년대부터는 사회의 모든 면에서 전통 질서를 버리고 서양 문물을 받아들이자는 주장이 대두했어. 급진 개화파는 이런 생각으로 1884년 갑신정변을 일으켰지.

임오군란 후 조선에 대한 간섭을 강화한 청나라는 1884년 베트남을 두고 프랑스와 전쟁을 벌였어. 이 때문에 조선에 주둔하고 있던 군대 중 일부를 철수해야 했지. 급진 개화파는 이참에 군사를 지원해 주겠다는 일본의 약속만 철석같이 믿고 정변을 밀어붙였어.

거사가 계획된 날은 우정총국 개국 축하 잔칫날이었어. 우정총국

은 오늘날 우체국처럼 근대적 우
편 제도를 담당한 곳이야. 이날,
온건 개화파로 정부의 개화 정책
을 추진하던 고위직 관료들이 살
해됐어. 급진 개화파는 정부를
세우고, 앞으로 어떻게 개혁할지
밝혔어. 청나라의 간섭에서 벗어
나고, 신분제를 없애는 등 개혁을
추진할 것이라고 했지. 그러나 청
나라 군대가 들이닥치고 일본 군

우리나라 최초의 우표 1884년 우정총국이 발행
했다. 당시 화폐 단위가 '문'이어서 '문위 우표'라
고 부른다. 근대적 우편 제도는 갑신정변 실패로
중단되었다가 10년 후 다시 시작되었다.

대가 철수하면서 정변은 3일 만에 막을 내렸어. 여기서 '삼일천하'라
는 말이 생겼지.

갑신년인 1884년에 급진 개화파가 일으킨 이 사건은 소수의 지식
인들이 주도한 개혁이었어. 백성의 지지를 받지 못했고, 일본에 의
존했다는 점에서 비판받을 만하지. 그래도 갑신정변 때 제시된 개혁
내용들은 10년 후 갑오개혁으로 마침내 실현되었어.

갑신정변 후 조선은 일본과 한성 조약을 체결해 일본 공사관을 새
로 지을 비용과 배상금을 주기로 했어. 갑신정변 때 맞부딪친 청나
라와 일본은 톈진 조약을 맺었어. 이 조약으로 두 나라는 조선에서
군대를 철수하고 나중에 파병할 때 서로에게 미리 알려 주기로 했
어. 이 약속은 1894년 일어난 청일 전쟁의 화근이 되었지.

동학 농민 운동 ✦

　서양에서 들어온 천주교는 조선에 퍼져 나가면서 전통 사상과 부딪쳤어. 천주교의 평등사상, 조상에 대한 제사 거부 등이 문제가 되었지. 이에 대응해 생겨난 종교가 동학이야. 철종 때인 1860년 경주에 살던 최제우가 창시했어. 동학이라는 이름에는 서양의 학문·종교에 맞서 동쪽(우리나라)의 도를 일으킨다는 뜻이 담겨 있지.

　동학은 창시자인 최제우가 처형될 정도로 조선 정부의 탄압을 받았지만, '사람이 곧 하늘'을 내세운 동학사상은 농민들에게 큰 공감을 얻으며 널리 퍼져 나갔지. 그러다 갑오년인 1894년, 농민들이 동학을 중심으로 뭉쳐 들고일어났어. 동학 농민 운동이 일어난 거야.

　시작은 고부 농민 봉기였어. 전라도 고부 군수 조병갑은 멀쩡한 보洑(농사에 쓸 물을 가두어 두는 시설)가 있는데도 농민들에게 만석보라는 새로운 보를 쌓게 하고 물세를 받았어. 여기에 반발한 농민들은 고부 농민 봉기를 일으키고, 조병갑을 쫓아냈어. 그런데 정부에서 파견한 관리가 이 사건을 조사하며 농민들을 잡아들인 거야. 이에 전봉준을 비롯한 동학 지도부가 농민들을 이끌고 무장(오늘날 전라도 고창)에서 봉기를 일으켰어. 이때 농민군이 발표한 포고문에는 나라가 위태로워 보국안민輔國安民(나랏일을 돕고 백성을 편안하게 함)을 위해 떨쳐 일어났다는 내용이 담겨 있어.

동학 농민군은 점점 세력을 키우더니 전주성까지 점령했어. 조선 정부가 급히 청나라에 군사를 보내 달라고 청하자, 청나라는 갑신정변 때 맺은 톈진 조약에 따라 이 사실을 일본에 알렸지. 그 결과, 청나라와 일본 군대가 동시에 조선에 들어왔어. 조선 정부는 동학 농민 운동이라는 국내 위기에 더해, 외국 군대가 들어오는 위기까지 맞닥뜨린 거야.

농민군은 외세가 나라를 위협할까 우려해 정부와 전주 화약을 맺고 해산했어. 그러고는 전라도 곳곳에 집강소를 두고 개혁을 실시했어. 농민군은 백성을 괴롭히는 탐관오리를 쫓아내는 것은 물론이고 노비 문서를 불태워 신분 차별을 없애고, 토지를 농민들에게 고루 나눠 주고, 과부의 재혼 허락 등의 개혁을 추진했어.

조선 정부도 교정청을 설치해 개혁을 시도했어. 문제는 농민군 진압을 핑계로 조선에 들어온 일본군이었어. 일본군은 경복궁을 점령하더니 급기야 일본식 개혁까지 실시하게 만들었어. 그렇게 갑오개혁이 시작되었지. 일본은 청나라 군대도 공격했어. 청·일 전쟁이 일어난 거야.

동학 농민군은 외세를 물리치고자 다시 들고일어났지만, 공

전봉준 사진 동학 농민 운동을 이끈 전봉준이 우금치 전투에서 패한 후 서울로 끌려가는 모습이다.

주 우금치에서 크게 패했어. 이후 패배를 거듭한 끝에 동학 농민 운동은 결국 실패로 끝났지. 하지만 탐관오리의 포악한 정치에 맞서 들고일어난 동학 농민 운동은 외세에 맞선 저항으로 나아갔어. 이후 항일 투쟁의 토대가 되었지.

동학 농민 운동 봉기 진로

→ 동학 농민군의 1차 봉기 진로
✿ 격전지

1894.1
고부 농민 봉기

1894.3
1차 봉기

1894.4
전주성 점령

1894.5
전주 화약

공주
우금치
논산
청산
옥천
삼례
전주
백산
고부
태인
정읍
무장
고창
영광
장성
순창
함평

황해

동학 농민군의
2차 봉기 진로

✳ 아관 파천

　1896년 2월 11일 새벽, 궁녀 옷으로 갈아입은 고종과 세자(훗날 순종)는 궁녀들이 타던 가마를 하나씩 잡아타고 경복궁을 빠져나와 러시아 공사관으로 갔어. 이 사건을 아관 파천이라고 해.

　'아관'은 주한駐韓(한국에 머물러 있음) 러시아 공사관을 가리키는 말이야. 예전에는 러시아를 한자음으로 아라사俄羅斯라고 해서 아라사 공사관을 줄여 아관이라고 했어. '파천'은 임금이 도성을 떠나 거처를 옮기는 일을 일컬어. 고종은 한양을 떠난 것이 아니라 러시아 공사관으로 거처를 옮겼을 뿐이지만 말이야. 왕과 세자가 궁녀로 분장까지 하고 남의 나라 공사관으로 피신했으니, 당시 상황이 얼마나 절박했는지 짐작할 수 있지. 아관 파천은 왜 일어났을까?

　동학 농민 운동을 빌미로 조선에 들어온 청나라와 일본은 곧이어 전쟁에 돌입했어. 먼저 공격을 시작한 일본은 파죽지세로 청군을 격파한 끝에 승리를 거뒀어. 일본은 청나라와 시모노세키 조약을 맺어 랴오둥반도, 타이완을 차지했을 뿐 아니라 동아시아 최고의 강대국으로 떠올랐어. 이 상황을 지켜보던 러시아는 프랑스·독일과 함께 청일 간의 싸움에 끼어들었어. 세 나라가 급제동을 거는 바람에 일본은 랴오둥반도를 청나라에 돌려줄 수밖에 없었어. 이를 삼국 간섭이라고 해.

이즈음 조선에서 러시아의 영향력이 커졌어. 이에 반발한 일본은 1895년 명성 황후를 살해했지. 이후 일본은 김홍집 내각을 세우고 을미개혁을 실시하게 했어. 을미개혁은 단발령, 태양력 등으로 대표되는 개혁이야.

국모國母(나라의 어머니)가 살해된 충격에 더해, 단발령까지 시행되면서 조선에서는 큰 반발이 일었어. 조선 사람들은 머리카락도 부모에게 받은 신체의 일부라 훼손해선 안 된다고 생각했거든. 머리카락

옛 러시아 공사관 아관 파천의 현장이다. 서울시 중구 정동공원 언덕 위에 있다. 한국 전쟁 때 파괴되어 3층으로 지어진 전망 탑과 지하 통로 등 일부만 남았다.

을 자르라는 단발령은 이런 전통적인 생각에 반하는 것이었어. 이에 들고일어난 의병이 을미의병이야.

일본군이 의병을 진압하러 지방에 내려간 틈을 타 고종은 아관 파천을 단행했어. 러시아 공사관에 머무는 동안 고종이 국왕으로서의 역할을 하지 않은 것은 아니야. 주한 외국 대표들과 백성에게 아관 파천의 이유를 알렸고, 김홍집 내각을 몰아낸 후 새로운 관료들을 임명했어. 그리고 청일의 압력에서 벗어날 방법을 모색하면서 궁으로 돌아갈 준비를 했지.

고종은 아관 파천 후 1년여 만에 궁으로 돌아왔는데, 경복궁으로 가지 않고 경운궁(지금의 덕수궁)으로 갔어. 경운궁은 주변에 여러 나라의 공사관이 있어서 안전하게 여겨졌기 때문이야. 외세의 침탈 속에 조선은 여전히 위태로웠지만, 고종은 오히려 대한 '제국'을 선포하고 위기를 헤쳐 나가려 했어.

대한 제국 ❖

　대한 제국은 1897년 고종이 황제 즉위식을 거행하고 선포한 나라야. 고종은 왜 500여 년간 써 온 조선이라는 국호를 바꿨을까?

　사대 관계에 따라 태조 이성계는 나라 이름을 조선으로 정할 때 명나라의 허락을 받았지만, 전통적인 사대 관계에서는 중국의 간섭이 그다지 강압적이지 않았어. 그런데 1880년대, 특히 임오군란 이후 청나라는 노골적으로 조선에 간섭했어. 청나라는 청나라대로, 일본은 일본대로 조선을 쥐고 흔들려 하는 너무나 힘든 상황이었지. 고종은 국호를 바꿈으로써 새로운 국면에 진입하려고 한 거야.

　고종은 조선 다음으로 우리 민족이 많이 쓰던 '한韓' 앞에 '큰 대大'를 붙여 대한 제국을 국호를 삼자고 제안했고, 신하들도 찬성했어. 대한 제국의 '대한'은 지금도 우리나라의 이름에 남아 있지. 1919년 3·1 운동 후 임시 정부가 세워지던 때, '대한 제국을 계승하는 민국'으로서 나라 이름을 대한민국으로 정했거든.

　사대라는 중국과의 전통적인 관계에서 벗어나려는 고종의 의지는 확고했어. 이는 환구단(원구단)에서 황제 즉위식을 거행한 것만 봐도 알 수 있지. 환구단은 하늘에 제사를 지내기 위해 1895년부터 조성

환구단에 남아 있는 돌 북 세 개 1909년에 완성한 북으로, 테두리에 황제를 상징하는 용무늬가 새겨져 있다.

한 둥근 단이야. 그 전까지 조선에는 토지의 신과 곡식의 신에게 제사 지내는 네모난 사직단만 있었지.

고종은 아버지 흥선 대원군과 달리 '개화'에 적극적이었지만, 무엇보다 강력한 국가 건설을 우선시했어. 개화파 관료들, 서양인 고문을 통해 서양의 정치 체제를 알고 있었지만, 군주로서 자신의 권한을 최대화해서 부국강병을 이루고자 한 거야.

1863년에 즉위했지만, 고종이 자신의 뜻대로 국정을 운영한 기간은 대한 제국 시기뿐이었어. 독립 협회(1896년 서재필 등 개혁 세력이 세운 단체), 만민 공동회(독립 협회가 개최한 대중 집회) 등을 탄압한 후 고종은 1899년 대한국 국제라는 법률을 반포해 황제에게 모든 권력을 집중시켰어.

대한 제국은 '제국'을 칭하는 여러 나라와 대등하다는 것을 세계에 선포했다는 점에서 의미가 있어. 그러나 1904년 러·일 전쟁에서 승리한 일본은 1905년 을사늑약을 맺어 대한 제국의 외교권을 빼앗아 버렸어. 을사늑약의 '늑勒'에는 억지로 했다는 뜻이 담겨 있지. 고종은 이 조약이 불법임을 알리려고 헤이그에 특사를 파견하는 등 노력했지만 소용없었고, 1907년 강제 퇴위되었어. 1910년 일제가 국권을 빼앗는 바람에 대한 제국은 13년 만에 멸망하고 말았어.

명성 왕후인가, 명성 황후인가?

고종의 왕비인 명성 황후는 을미사변(1895) 때 시해되었어. '명성'은 1897년에 받은 시호야. 조선 시대 왕비는 시호에 '왕후'를 붙여 부르지만, 1897년 고종이 대한 제국 황제가 되면서 고종의 왕비도 '황후'로 높여 부르게 되었어.

홍릉 비석을 세운 능참봉의 뚝심

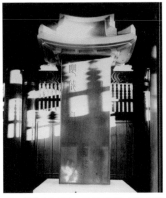

경기도 남양주시에는 고종과 명성 황후를 합장한 무덤인 홍릉이 있어. 을미사변 때 시해된 명성 황후는 서울 청량리에 묻혀 있었는데, 1919년 고종 승하 후 고종과 명성 황후의 능을 합장했지.

이때 명성 황후의 능에 있던 비석을 옮겨 오기로 했어. 비석에는 고종이 승하한 후 존호가 정해지면 채울 빈칸이 있었어. 그런데 이 비석은 첫 줄의 '대한★韓'이라는

서울 청량리에 있던 고종 명성황후 홍릉 비석

글자 때문에 홍릉에 한동안 누워 있어야 했어. 1910년 일제가 우리나라의 국권을 강탈하면서 '한국'이나 '대한'은 쓰지 못하게 하고 '조선'이라는 명칭만 쓰게 했거든. 고종 황제, 명성 황후라는 존호도 비석에 채워 넣을 수 없었어.

고종 때 병마절도사까지 오르는 등 왕실의 신임을 받았던 고영근은 1922년 홍릉을 관리하는 능참봉 자리에 지원했어. 그러고는 비석의 빈칸에 글씨를 새겨 '대한 고종태황제홍릉 명성태황후부좌'라는 비문을 완성했어. '대한 고종 황제의 무덤인 홍릉이며 명성 황후를 왼쪽에 합장했다'는 뜻이야. 고영근은 밤에 비석을 몰래 세웠고, 일단 세워진 비석은 누구도 다시 눕힐 수 없었지. 충직한 신하로서 그는 아무도 못 하던 일을 해낸 거야.

독도·간도

독도는 '돌섬'에서 나온 말이야. 돌의 사투리 중에 '독'이 있고, 섬을 한자로 '도島'라 부르면서 독도가 되었지. 돌섬이라는 이름처럼 독도는 바위섬인데, 한자 이름에 '홀로 독獨'이 붙어 있는 것과 달리 여러 섬으로 이루어져 있어. 독도를 이루는 동도와 서도라는 커다란 섬 두 개 주변에도 수많은 바위가 있거든.

대한 제국의 국권이 위태롭던 1905년 일본이 독도를 자기네 영토에 집어넣었지만, 독도는 역사적으로나 국제법상으로 분명한 우리나라 영토야. 삼국시대부터 독도는 울릉도에 딸린 섬으로 우리 영토에 속했어. 역사 기록은 신라 지증왕 때인 6세기 이사부가 우산국을 정복했다는 내용으로 거슬러 올라가. 우산국은 울릉도와 독도가

독도 동도와 서도를 포함해 부근의 작은 섬들로 이루어진 독도는 날씨가 좋고 파도가 잠잠한 날에만 들어갈 수 있다.

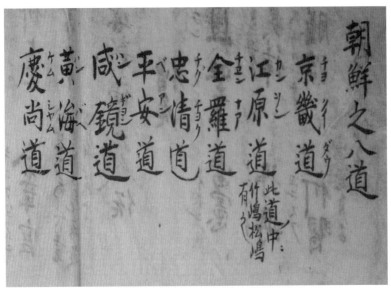

원록구병자년조선주착안일권지각서 1696년, 안용복이 일본에 갔을 때 일본 관리가 작성한 문서로, 죽도(울릉도)와 송도(독도)가 조선 8도 중 강원도에 속해 있다고 기록되어 있다.

포함된 지역을 말해.

　이후에도 독도와 관련된 여러 기록이 있어. 조선 숙종 때인 17세기 말에는 안용복이 일본에 가서 울릉도와 독도가 조선 땅임을 확인받고 오기도 했지. 1900년에는 '대한 제국 칙령 제41호'에서 독도가 우리 땅임이 명시됐어. 일본은 스스로 대한 제국 땅임을 인정했으면서도, 1905년 러일 전쟁 중 독도가 일본 땅이라고 선언했지.

　이 무렵 일본이 은근슬쩍 청나라에 넘긴 우리 땅도 있어. 고조선 이래 우리 조상들이 고대 문화를 형성했던 간도야. 간도에는 백두산 일대인 서간도와 두만강 북부의 동간도가 있어. 동간도는 흔히 만주라고 부르고 북간도라고도 해. 주로 우리나라 사람들이 개간해

농경지로 만들었어.

간도의 첫 글자인 '사이 간(間)'은 병자호란 후 청나라가 이곳으로 이주하지 못하게 하면서 '청나라와 조선 사이에 있는 섬 같은 곳'이라고 한 데서 유래한 것으로 짐작돼. 청나라와 분쟁이 일어나자 조선 숙종 때는 두 나라의 국경을 분명히 정하고자 백두산정계비도 세웠어. 이 비문에 동쪽 경계가 토문강이라고 적은 것이 두고두고 문제가 되었지. 청나

백두산정계비 조선과 청나라의 국경을 분명히 하기 위해 숙종 38년(1712) 청나라에서 파견된 관리들과 조선의 관리들이 회담하고 세운 비석이다. 이 비석은 만주사변(1931) 때 일본이 없애 버렸다.

라는 토문강이 두만강이라고 주장한 반면, 조선은 토문강이 쑹화강 상류이므로 간도가 조선 땅이라고 주장했거든.

대한 제국 시기에는 간도 관리사를 파견하기도 했어. 그렇게 관리하던 중 1909년 일본이 청나라와 간도 협약을 맺으면서 간도를 청나라에 아주 넘겨주고 말았어. 일본이 간도를 청나라에 넘기면서 얻은 대가는 만주에 철도를 놓고 탄광을 캘 권리 등이었어.

일제 강점기

1910년 8월 29일, 일본은 대한 제국을 병합했어. 이때부터 1945년 8월 15일 해방되기까지의 시기를 일제 강점기라고 해. '일제'는 제국주의를 내세운 일본을 일컫는 말이야. '강점'은 강제로 차지했다는 뜻이지. 일제 강점기라는 말에는 강제로 체결된 병합 조약은 무효라는 사실이 강조되어 있어.

일본은 우리나라를 '조선'이라 부르고 조선 총독부를 두어 다스렸어. 1910년대에는 헌병 경찰을 앞세운 무단 통치가 실시되었어. '무단武斷'은 무력을 썼다는 뜻이야. 당시에는 경찰서장이나 헌병 분대장이 재판을 거치지 않고 범죄자를 처벌할 수 있었고, 한국인에게 태형을 가할 수 있었어. 태형은 형틀에 묶어 놓고 볼기를 때리는 형벌이야. 일제는 무단 통치로 한국인의 자유를 억압하는 한편, 토지 조사 사업을 통해 지세 수입을 늘리고 일본인 지주들의 한국 토지 소유를 합법화했어.

당시 경성(서울)에 동양 척식 주식회사 본점이 있었어. '척식拓植'은 이주해 와서 토지를 개척해 살게 한다는 뜻이야. 동양 척식 주식회사는 일본인들의 한국 이주를 돕는 한편, 조선의 많은 토지를 수

1910년대 동양 척식 주식회사 본점 현재 서울 을지로 1가에 있는 하나은행 본점 자리에 있었다. 1926년 나석주가 폭탄을 던진 현장이기도 하다.

탈했어. '동양'이 붙은 이름에서 일본의 야심이 조선에 국한되지 않았음을 엿볼 수 있지.

3·1 운동이라는 거센 저항에 부딪히자 일제는 문화 통치를 내세웠지만, 문화 통치는 일제가 친일 세력을 양성해 한국인의 분열을 도모하기 위한 술책이었어.

일제는 중일 전쟁(1937), 태평양 전쟁(1941)을 일으키면서 대륙 침략을 본격화했어. 이 시기 조선은 군사 작전에 필요한 인력, 물자를 공급하는 기지가 되었어. 일본에게 온갖 물자를 수탈당했고 학도병, 일본군 '위안부' 등 수많은 한국인이 강제로 끌려갔어. 그리고 일제의 민족 말살 정책에 따라 한국인들은 일본 국왕에 대한 충성심을 담은 황국 신민의 서사를 암송하고, 도쿄를 향해 절하고, 일상생활에서도 일본어를 쓰는 등의 수난을 겪었어.

독립운동

일제의 혹독한 탄압에도 해방의 날이 찾아올 때까지 한국인들의 독립운동은 끊임없이 이어졌어. 1910년대에는 무단 통치 속에서도 국내에 여러 비밀 결사가 만들어졌어. 만주, 연해주로 건너간 독립운동가도 많았지.

1919년에 일어난 3·1 운동은 일제에 맞선 독립운동이자 민주주의 운동이었어. 독립 선언서에는 "조선 사람이 자주적인 민족"임이 명시되었고, "침략주의·강권주의"를 비판하고 인류의 평등과 평화를 주장하는 내용이 담겨 있었어.

이 무렵 국내, 상하이, 연해주에서 임시 정부를 세우려는 움직임이 있었어. 이러한 노력이 합쳐져 상하이에 대

윤봉길 임시 정부 주석인 김구가 조직한 한인애국단 소속으로, 중국 훙커우 공원에서 폭탄을 던진 독립 운동가이다.

한민국 임시 정부가 세워졌지. '민국', 즉 '국민의 나라'라는 이름에서 알 수 있듯이 대한민국 임시 정부는 우리 역사상 최초로 민주 공화제를 채택했어.

3·1 운동 후 만주에서는 독립군 부대들이 봉오동 전투, 청산리 대첩에서 승리를 거뒀어. 1919년 11월 만주에서 조직된 의열단은 김원봉의 주도로 암살, 파괴 활동을 벌여 우리 민족의 독립 의지를 널리 알렸지. 1931년 김구가 조직한 한인 애국단에서는 이봉창이 일본 도쿄에서, 윤봉길이 중국 홍커우 공원에서 폭탄을 던지는 의거를 감행했지.

실력 양성 운동도 활발히 전개되었어. 그 일환으로 인재 양성을 위한 민립 대학 설립 운동, 국산품 애용을 통해 민족 자본을 육성하려 한 물산 장려 운동이 일어났어.

이렇게 독립운동에는 여러 노선이 있었어. 중국의 혁명 세력, 일본의 반체제 세력 등과 연대한 한국인들의 독립운동도 있었지. 다양한 움직임 속에서도 일제에 공동으로 맞서기 위한 민족 협동·통일 전선 운동은 계속 이어졌어. 비타협적 민족주의자들과 사회주의자들이 만든 신간회가 대표적이야.

민족이란?

민족民族은 서양 사람들이 국민 국가를 세우면서 이념으로 내세운 개념이야. 동아시아에서는 19세기 말 일본이 영어 'folk'를 번역하면서부터 민족이라는 말이 쓰이기 시작했어. 그 전에 한국에서는 여진, 왜 등과 구분해 족류族類('겨레붙이'라는 뜻)라 했고, 동포라는 용어도 많이 썼어. 그러다가 1907년 《황성신문》과 《대한매일신보》에 민족이라는 말이 처음 등장했어.

8·15 광복

제2차 세계 대전 막바지에 미국은 일본 히로시마와 나가사키에 원자 폭탄을 떨어뜨렸어. 이에 1945년 8월 15일 일본 국왕이 항복을 선언하면서 우리 민족은 마침내 식민 지배에서 벗어났어. 다음 날, 여운형이 대중 집회에서 열변을 토하고, 서대문형무소에서 풀려난 독립운동가들이 만세를 부르면서 한국은 해방의 감격에 휩싸이기 시작했어.

8·15 광복은 거저 주어진 게 아니었어. 서슬 퍼런 일제의 탄압에도 불구하고 독립운동이 면면히 이어졌기에, 세계 여러 나라가 한국의 독립을 당연하게 받아들였던 거야.

그러나 연합군의 승리로 일본이 항복한 상황은 한국이 통일된 독립국을 세우는 데 걸림돌이 되었어. 한국은 일본의 식민 지배에서 해방됨과 동시에 미국과 소련에 분할 점령될 수밖에 없었어.

해방의 감격 1945년 8월 16일 서울 서대문형무소에서 풀려난 사람들이 환호하고 있다.

✿ 신탁 통치

신탁 통치란 '통치를 믿고 맡긴다'는 뜻이야. 한국을 신탁 통치한다는 결정은 1945년 12월 국내에 알려졌어. 8·15 광복을 맞은 지 몇 달 되지도 않았는데, 다시 다른 나라에게 통치를 맡긴다니, 충격이 아닐 수 없었지.

한국의 신탁 통치 결정이 갑자기 내려진 것은 아니야. 제2차 세계 대전 때 일본은 대동아공영권大東亞共榮圈을 내세웠어. 동아시아를 넘어 더 큰 지역의 공동 번영을 추구하겠다는 주장이었지. 그럴싸한 이 말 뒤에는 침략 야욕이 숨겨져 있었어. 미국은 일본을 꺾은 후 동아시아와 태평양 지역에서 주도권을 쥐려 했어. 미국이 그런 목표 아래 내놓은 구상이 바로 신탁 통치였어.

미국은 압도적인 군사력과 경제력을 바탕으로 기존 강대국들의 지배를 용납하지 않으려 했어. 더불어 식민지의 민족주의 운동이 지나치게 강해지지 않도록 제어하려고 했어. 신탁 통치는 이를 위한 장치였어.

미국이 구상한 한국의 신탁 통치는 미국, 영국, 중국, 소련이 한국의 독립 과정에 개입하는 것이었어. 1943년 카이로 회담, 1945

년 얄타 회담과 포츠담 회담에서 이 문제가 논의되었어. 제2차 세계 대전이 끝날 때까지도 합의를 못 보던 이 문제는 1945년 12월 모스크바 3국 외상 회의에서 겨우 합의에 이르렀어.

모스크바 3국 외상 회의는 '미·소 공동 위원회 설

카이로 회담 미국의 프랭클린 루스벨트 대통령(가운데), 영국의 윈스턴 처칠 수상(오른쪽), 중국의 장제스 장군(왼쪽)은 이집트의 카이로에서 한국의 문제를 처음 논의했다.

치→조선 임시 정부 수립→미국·영국·중국·소련의 최장 5년간 신탁 통치'를 거쳐 한국을 독립시키기로 결정했어. 여기서 핵심은 임시 정부 수립이었지만, 한국에는 신탁 통치만 부각된 데다 소련이 신탁 통치를 제안하고 미국이 즉시 독립을 주장한 것으로 잘못 알려졌어. 김구와 이승만 등의 우익은 신탁 통치 반대에 나섰고, 처음에 반대했던 좌익은 모스크바 3국 외상 회의 결정에 대한 총체적 지지로 입장을 바꾸었어. 상황이 이렇게 되면서 신탁 통치를 둘러싼 좌우 대립은 점점 극렬해졌어.

✣ 삼팔선

1945년 8월 11일 새벽 미국의 두 대령이 군사적 편의에 따라 지도에 삼팔선을 그었다고 알려졌지만, 두 대령이 사용한 지도는 삼팔선이 제대로 보이지 않을 만큼 커다란 지도였어. 중요한 결정을 그렇게 급하게 처리했다는 것도 말이 안 되지. 삼팔선은 미국이 철저한 계산과 준비 끝에 정한 거야. 제2차 세계 대전이 끝나기 전, 미국이 소련을 견제하고 동북아시아 지역에서 주도권을 잡기 위해 그었음이 밝혀졌어.

1948년 삼팔선을 사이에 두고 서로 적대적인 체제가 남북에 세워졌고, 1950년 6월 25일에는 북한이 이 선을 넘어 공격해 오면서 한국 전쟁이 일어났어. 한국 전쟁은 1953년 정전 협정으로 마무리되었어. 종전終戰, 즉 전쟁이 끝난 것이 아니라 정전停戰, 즉 전쟁이 일시적으로 정지된 상태라 한반도는 휴전선을 기준으로 분단 체제를 유지하고 있지.

한국의 운명이 왜 다른 나라의 결정에 좌우되었을까? 한국은 중국, 소련 등 대륙 세력과 일본, 미국 등 해양 세력이 만나는 지점에 위치하고 있어. 그 때문에 오래전부터 국제 정치의 영향을 강하게 받아 왔지. 외세가 우리 영토 일부를 차지한 적도 있어. 고조선 멸망 후 한나라가 한사군을 두고, 원나라가 철령·자비령 이북을 20여 년간 지배한 것처럼 말이야.

한반도 분할 논의는 16세기에도 있었어. 성사되지 않아서 잘 알려지지 않았지만 임진왜란 때 일본과 명나라가 조선을 분할하려 했거든. 청일 전쟁과 러일 전쟁이 일어난 19세기 말 20세기 초에도 러시아와 일본이 한반도 분할을 논의했어.

일본은 1910년 한국의 국권을 강탈한 이후 침략을 확대해 갔어. 1931년 만주 사변, 1937년 중일 전쟁을 일으킨 데 이어 1941년 미국 진주만을 기습해 태평양 전쟁을 일으켰지. 미국은 연합국을 이끌고 일본에 맞서면서 전후 국제 질서를 구상해 갔어.

미국은 일본의 항복에 대비해 '점령→신탁 통치→독립'이라는 3단

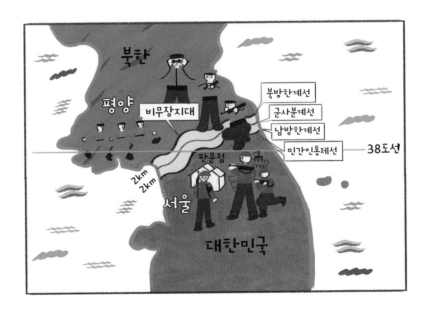

계 구상으로 한반도를 독점하려 했어. 하지만 소련의 참전이 예상되면서 점차 현실적으로 구상이 바뀌었지. 미국·소련·영국·중국이 한반도를 넷으로 나누는 구상도 나왔지만, 가장 현실적인 구상은 미국과 소련이 한반도를 둘로 나누는 것이었어.

미국은 서울과 인천을 포함한 지역을 차지하고자 삼팔선 근처의 선을 그어 남북을 가르기로 했어. 그러고는 1945년 7월 25일경 포츠담 회담에서 이 문제를 소련과 논의했어. 이후 미국과 소련은 한반도를 둘로 나눈다는 생각을 공유했지.

미국은 소련 몰래 개발한 원자 폭탄을 일본 히로시마와 나가사키에 떨어뜨려 기선을 제압하려 했지만, 소련군은 일본 패망 전에 이미 한반도 북쪽에 들어와 있었어. 뒤이어 미군이 삼팔선 이남을 점령하면서 한반도는 분단되고 말았어.

70년이 넘도록 이어진 분단 체제는 한반도의 지정학적 위치를 다시 생각해 보게 만들어. 대륙 세력과 해양 세력의 움직임을 잘 이용하고 역사의 선례들을 참고한다면 우리나라는 국제 관계에서 실리를 얻을 수 있을 거야.